Manfred Prinz (ed.)

RAP ROMANIA

Jugendkulturen und Fremdsprachenunterricht

Band 1: Spanisch/Französisch

ibidem-Verlag
Stuttgart

Bibliographic information published by the Deutsche Nationalbibliothek
Die Deutsche Nationalbibliothek lists this publication in the Deutsche Nationalbibliografie; detailed bibliographic data are available in the Internet at http://dnb.d-nb.de.

Bibliografische Information der Deutschen Nationalbibliothek
Die Deutsche Nationalbibliothek verzeichnet diese Publikation in der Deutschen Nationalbibliografie; detaillierte bibliografische Daten sind im Internet über http://dnb.d-nb.de abrufbar.

Second edition

ISSN: 1862-2909

ISBN-13: 978-3-8382-0781-0

Printed in the United States of America

For Daniel

Inhaltsverzeichnis

Dossiers: Spanisch (Redaktion: Rafael Cano García)

Dossiers: Französisch (Redaktion: Frédérique Moureaux Abu Marheil)

Didaktik – an den Nahtstellen der Zwischenräume[1]

Solange es den Menschen gibt, will und muss er lernen, treiben ihn Ehrgeiz, Geltungsbedürfnis und Neugierde in neue Kreise, entwickelt er seine körperlichen und geistigen, emotionalen und spirituellen Anlagen. Dem Geheimnis dieser natürlichen, anthropologischen Dynamik wurde versucht, in unzähligen Metadiskursen auf die Spur zu kommen, sei es vonseiten der Religion, vonseiten pädagogischer Theorien und Konzepte, bis hin zur Blüte der didaktischen „Wissenschaften“ unserer Zeit, allesamt bemüht, die Entdeckungsreisen der Neugierigen zu entzaubern und durch Bevormundungen zu entwürdigen. Opfer dieses Prozesses sind die Jüngsten, dehn- und fügbarsten Mitbürger, die der Schule anvertraut werden, wohl wissend, dass sie der Welt der Älteren und derartigen Beeinflussungsversuchen gegenüber immun und reaktionslos bleiben oder passiven Widerstand leisten. Dennoch gibt es zahlreiche zielgruppenspezifische „Rezepte“ für Kleinkinder bis hin zu Senioren, Überlegungen zur Altersspezifik und Andragogik, zur methodischen Vielfalt für unterschiedliche Lernertypen u.a.m., die sowohl für den formalen als auch für den nicht-formalen Bildungsbereich entwickelt und zur Anwendung gebracht werden.

Die folgende assoziative Liste fremdsprachen- und allgemeindidaktischer Begriffe und Themen sind Beispiele für die Vielfalt der Forschungsgegenstände, ihre interdisziplinäre fach- und erziehungswissenschaftliche Verankerung.

---

[1] Bitte beachten Sie auch die publikationsbegleitende Webseite (**www.rapromania.de**), auf der Sie Begleitmaterialien zum Buch für eine vertiefende Auseinandersetzung finden.

CLUSTER [2]

Jugendkulturen Lehrerrolle und Lernertypen

Autonomie Portfolio Autoevaluation

interkulturelles Lernen Mediendidaktik

Hemisphärentherie Synapsen

Fertigkeitsvielfalt Aufgabenstellungen

Curricula und GER

Sprachlehrforschung Mehrsprachigkeitsdidaktik

Vertragspädagogik Wochen- und Daltonplan

Abschlussprofile multiple Intelligenz

Standards Internationalisierung der Fremdsprachenvermittlung

Identität generative Themen

EVA Stationenlernen kommunikative Kompetenz

Kreativität Schülerorientierung Musik und FU

Erwachsenen- und frühkindliche Vermittlung von Sprachen

u.a.m.

---

2 Stich- und Reizwörter erziehungswissenschaftlicher, didaktischer und fremdsprachenorientierter Forschung und Lehre.

Alles nachzulesen oder auch nicht in zahlreichen zu empfehlenden „Bibeln der Fremdsprachendidaktik“:

Hinter diesen Themen, Theoremen und Konzepten der Didaktik verbergen sich sehr individuell gefasste engagierte Konzepte, Schulen, Kapellen und Bastionen, die interessengeleitet einander gegenüberstehen, nicht immer versöhnlich, manchmal feindlich und nicht immer im Sinne der uns Anvertrauten und auf der bescheidenen Suche, gemeinsam mit ihnen neue Wege zu finden.

Bestenfalls haben wir hier Felder transversaler, interdisziplinärer, auf eine offene, sich kreativ gestaltende Paradigmenvielfalt vor uns, ausgerichtet auf eine revolutionierte, täglich neu sich konstituierende Lern- und Erfahrungswelt. Sie sind auf offene Ergebnisse bedacht, die die Ziele und Herausforderungen angehender und bereits engagierter, immer noch leidenschaftlich praktizierender Lehrer, aber nicht nur für diese, auch bestimmt für die mehrheitlich die Schule frequentierenden Lerner und Lernerinnen, der uns gesetzlich durch die Allgemeine Schulpflicht verordnet und anvertraut sind, die mehr oder weniger begleitet von ihren Eltern den Schulalltag absolvieren, der in seinen Rahmenbedingungen zudem maßgeblich von Politik, Schulaufsicht und überlieferten Formen und Strukturen bestimmt wird. Doch dies stets in Begleitung neu aufkeimender curricularer, gesellschaftlicher, technologischer u.a. Optionen, die die eigene Legitimation und mitunter auch eigene Abschaffung zielgerecht betreiben … eine Welt von gleichzeitig Ungleichzeitigem, widersprüchlich und sich gegenseitig relativierenden Prinzipien und Vorstellungen, der in erster Linie Kohärenz fehlt, von der wir *nolens volens* und eingestandenermaßen Abschied genommen haben, aber nach der wir beharrlich und hilflos zugleich immer wieder neu Ausschau halten und zum Ausschau angehalten und gezwungen sind.

Dennoch ist und bleibt Didaktik, die Wissenschaft vom Lehren und Lernen die Klammer zwischen den akademischen Disziplinen zu den inner- und außerakademischen Lernwelten, zwischen Universität, Schulen und Lebensalltag, zwischen den Welten der Generationen und ihrer jeweiligen Interessen, Ausdrucksformen und Bedürfnislagen. So haftet ihr in ihrer Hilfs- und Bindegliedfunktion die Monotonie des ewig Wiederkehrenden an, doch lebt sie auch von der Dynamik der ständig wechselnden Perspektiven derjenigen, die sie bedient.

Sie steht in ständiger Verbindung zu Institutionen, Disziplinen und Fächern, angesichts der Kulturspezifika von Lernkontexten und Lernbedürfnissen ist sie zudem international, interkulturell ausgerichtet.

Sie befindet sich darüber hinaus an Schnittstellen zur Überbrückung kontinuierlich neu aufbrechender Zwischenräume, innerhalb der eigenen Arbeitsbereiche, die sich jeweils fortentwickeln von der Quadratur der Fertigkeiten hin zu neuen wie Hör-Seh-Verstehen, Interkulturellem Lernen, Sprachmittlung u.a.m., zuletzt insbesondere in der Mediendidaktik, die im Bereich moderner Medien und Technologien ihren Anfang mit den audio-oralen-visuellen Medien nahm und heute bei Tablet, IPOD, Smartphone und Smartboard, Internet u.a.m. angekommen ist, in rasantem Tempo, kaum einzuholen von den Beteiligten, die Lehrer- und Lernendenrollen vertauschend, und so die lang ersehnte Schülerautonomie zur Notwendigkeit und Grundbedingung des Unterrichts macht.

Die Einzeldidaktiken entstanden, weil das Feld einer übergreifenden Didaktik unübersehbar wäre, allein die verschiedenen Fremdsprachendidaktiken sind den unterschiedlichen Sprachen, Sprachfamilien und -varietäten und Landeskunden verpflichtet, was z.B. für die romanischen Sprachen, Literaturen und Kulturen kaum von einer Einzeldisziplin zu leisten wäre. Nicht nur in der Franko-, Luso- und Hispanoniephonie bieten sich überschlagende neue literatur- und kulturwissenschaftliche Bestände, generations- und genderspezifische Themen und Fragestellungen, je nach kulturellem und regionalem Kontext verschieden, die eine tägliche Herausforderung für den Unterrichtenden darstellen, der die Motivation seiner ihm Anvertrauten ansprechen und sich selber auf neuestem Stand halten will. Dass der Fremdsprachenunterricht, Interkulturelles Lernen und Landeskunden mit Migrantenliteratur und Jugendbiografien, Jugendsprache und ihren musikalisch-künstlerischen Ausdrucksformen wie Hiphop, Reggae oder Rock, Salsa und Raï stets neue Inspirationen erhalten, kennzeichnet die innere Dynamik der Fremdsprachendidaktik, die ohne Aufwand den sprachlich-kulturellen Alltag, Hör- und Sprechgewohnheiten sowie Bedürfnisse und Interessen von Jugendlichen zu ihren Gegenständen erklären kann und damit auch unmerklich den Zielen Autonomie, Fehlertoleranz, impliziter Grammatik- und Wortschatzvermittlung und Mehrsprachigkeitsdidaktik und offenen Aufgabenformaten gerecht wird.

Rap und Hiphop-Kultur – Spiegel der komplexen *Realität*

Der Rap, als improvisierter Sprechgesang, im konstruierend-verfremdenden Sprachspiel des *verlan*, in der Neuschaffung nur für Eingeweihte verständlicher Wortkörper, auf der Suche nach dem bislang Ungesagten und Unsagbaren, kündigt auf seine Weise die auf Erneuerung bedachte Auflösung der Bedeutungen und den Abschied von tradierter semantischer Kohärenz an.

Canaille, zunächst als verschmähend hasserfüllte Bezeichnung eines Politikers, der die schweigende Mehrheit in einem vernichtenden Urteil über die *crapule* der Vorstädte hinter sich zu bringen suchte, kann als Schlüsselbegriff während der Aufstände von 2005 die Polarität des semantischen Wandels von der verschmähenden Fremdbezeichnung hin zum Adelsprädikat und lobender Eigenbezeichnung illustrieren:

„ *Vous en avez assez de cette* ***bande de racailles*** *? Eh bien, on va vous en débarrasser.*“ (Zitat von Nicolas Sarkozy, 2005)
Jugendliche in den Banlieues verwenden den Begriff *racaille* ironisch als Selbstbezeichnung. In einem weiteren Sinne steht er für deren Subkultur, Sprechweise und Kleidungsstil nach amerikanischem Gangsta-Vorbild (…)
(Wikipedia, Stichwort „racaille“)

Diese Konstruktion und Dekonstruktion, das Auf und Ab von Signifikat und Signifikant, hier in der Bezeichnung für sozial periphere prekären Zonen der *banlieue* Zonen sind für den Rap und die Kultur des Hiphop insgesamt konstituierend, Inklusion - Exklusion und Autoexklusion sind sowohl sozial, ökonomisch und in der Semantik der Texte und musikalischen Darbietung omnipräsent. Die Bedeutungen werden in der Schwebe, im Ungewissen gehalten bei dennoch klarer Aussage, die allenfalls in den Refrains als Träger überbrückender Botschaften greifbar und deutlich werden, semantische Zwischenräume werden zum Raum neuer Bedeutungskonstitution. So bleibt das Erschließen der Texte ein kreativer Akt assoziativen, kreativen und rekonstruierenden Verstehens, in dem die Kategorien „falsch" und „richtig" unangemessen und sprachliche Perfektion obsolet erscheinen, und das sich in der physischen Identität der Gruppe und ihrer facettenreichen multikulturellen Zusammensetzung ihre Entsprechungen findet.

Die Anlage der einzelnen Dossiers berücksichtigt diese fluktuierende Bedeutungskonstitution, sowohl die Lyrics werden in Transkription und Orthografie nur annähernd erfasst, die Vokabelerklärungen sind nicht immer eindeutig, sondern Hinweise auf Verstehen, dem Raum gegeben wird für andere, nicht genannte Bedeutungen. Die Videos und Zusatzmaterialen geben zusätzliche Hinweise auf Hintergründe der Gruppe, angedeutete Themen sowie kultur- und landeskundliche Aspekte, die angesprochen werden. Eine zentrale Rolle bei dem Erschließen kommt individuellen Arbeitsaufträgen zu, in denen jeder Hörer und Leser seine Form des Verstehens anhand eigener Recherchen konstruiert, die dann zu Diskussionen und kontroversen Gesprächen Anlass bietet.

Die Themenliste (S. 13) enthält in Form eines Glossar in der Standardsprache resümierende Begriffe, die in den Lyrics angedeutet und von den Rezipienten identifiziert werden. Es handelt sich um einen Themenpotpourri, der referentiell-metasprachlich angelegt ist und in den Raps jugend- und umgangssprachlich ihren Ausdruck findet.

Die wohlgeordnet alphabetische Liste der Themen, bezogen auf die einzelnen Musiktitel, führt zu interlinearen, in oft schwer oder unverständlich-verschlüsselten jugendsprachlichen Codes verborgenen Bedeutungen, wobei die Offenheit der sprachlich-musikalischen Form zugleich die Offenheit und Interpretierbarkeit der Inhalte vorgibt, die sich an kaum einer Stelle in analytisch-greifbarer Klarheit, sondern nur angedeutet und offen interpretierbar wiederfinden lassen:

Alkohol – Alcol – Alcool	2.5., 3.3., 3.6.
Arbeit – Trabajo – Travail	2.5.
Armut – Pobreza – Pauvreté	2.3., 2.4., 2.6., 2.8., 3.6.
Ausgrenzung – Exclusión – Exclusion	2.3.
Bescheidenheit – Humildad – Modestie	3.1.
Brüderlichkeit – Hermandad – Fraternität	2.3., 3.1., 3.6.
Drogen – Drogas – Drogue	3.3., 3.4., 3.5., 3.6.
Ehre – Honor – Honneur	3.1.
Eifersucht – Celos – Jalousie	2.4.
Einsamkeit – Soledad – Solitude	2.1.
Erinnerung – Recuerdos – Mémoire	2.1.
Faulheit – Pereza – Paresse	2.5.
Flucht – Huida – Fuite	2.3., 2.4., 3.5.
Frauen – Mujeres – Femmes	2.7.
Freiheit – Libertad – Liberté	2.3., 3.3.
Frieden – Paz – Paix	3.1.
Gesetz – Ley – Droit	2.2., 3.4.
Gewalt – Violencia – Violence	2.2., 2.4., 2.5., 2.7., 3.4., 3.6.
Hass – Odio – Haine	2.4.
Hoffnung – Esperanza – Espoir	2.3., 3.3.
Identität – Identidad – Identité	2.3., 2.7.
indianische Kultur – Culturas indígenas – La culture indigène	2.8.
Jugend – Juventud – Jeunes	2.6., 2.8., 3.4.
Kapitalismus – Capitalismo – Capitalisme	2.2., 2.3., 3.2.

Kolonialismus – Colonialismo – Colonialisme	2.3., 3.2.
Korruption – Corrupción – Corruption	2.2.
Krieg – Guerra – La guerre	3.3.
Kriminalität – Criminalidad – Criminalité	2.4., 2.5., 2.8., 3.4., 3.6.
Kummer – Penas – Chagrin	2.1., 3.3.
Liebe – Amor – Amour	2.1., 2.5., 2.7., 3.1., 3.2.
Machismo – Machismo – Le machisme	2.1., 2.5., 2.7., 3.6.
Moral – Moral – Moralité	2.2.
Mord – Asesinato – Meurtre	2.4.
Politik – Política – politique	2.6.
Polizeigewalt – Violencia de la policía – La violence de la police	2.4., 3.4.
Rassismus – Racismo – Racisme	3.4.
Religion – Religión – Religion Gott – Dios – Dieu	2.2., 3.3., 3.6.
Respekt – Respeto – Respect	2.6., 3.1.
Reue – Arrepentimiento – Remords	2.1.
Selbstmord – Suicidio – Suicide	2.1., 3.3.
Sklavenhandel – Tráfico de esclavos – Commerce des esclaves	3.2.
Solidarität – Solidaridad – Solidarité	2.3., 3.6.
soziale Ungleichheit – Desigualdad social – Les inégalités sociales	2.3., 2.4., 2.6., 2.8., 3.6.
Staat – Estado – État	2.4.
Teufel – Diablo – Diable	2.2.
Tod – Muerte – Mort	2.1., 2.4., 3.3., 3.5.

Träume – Sueños – Rêves	2.1., 2.3.
Verlust – Pérdida – Perte	2.1.
Verrat – Traición – Livraison	3.1.
Verzweiflung – Desesperación – Désespoir	2.1., 2.4., 3.6.
Wut – Rabia – Rage	3.3.

Jugendkulturen – Dynamik der Zwischenräume

Sogenannte multikulturelle Gesellschaften, bestehend aus einem wachsenden Anteil von Menschen mit „Migrationshintergrund", sozioökonomische, kulturelle Asymmetrieverhältnisse innerhalb von und zwischen Gesellschaften, aber auch und zunehmend zwischen den Generationen weltweit, hat zu einer verstärkt kritischen Auseinandersetzung nicht nur mit internationalen Dominanzverhältnissen, sondern auch mit Jugendlichen in verschiedenen „glokalen" Kontexten geführt. Die seit 1953 von dem Erdölkonzern in Auftrag gegebenen Shell-Studien befassen sich zunehmend mit Jugendlichen in Migrationszusammenhängen in Deutschland. So werden von Shell seit 1981 bereits qualitative Umfragen durchgeführt, in der 13. und 16. Studie (2001 und 2010) an 20 Fallstudien, bei denen Jugendliche im Alter zwischen 15 und 24 Jahren und unterschiedlichem kulturellen Hintergrund im Mittelpunkte stehen. Diese Form von Befragung und konstruierten Biografien unterscheidet sich kategorial von poetisch-musikalischen Selbstaussagen, wie sie beispielsweise und insbesondere im Rap und seiner improvisierten, oft dialogisierten und stark appellativ-expressiv ausgerichteten Sprache erscheint. Legen Interviews in ihrer lenkenden Funktion die Betonung auf Konstruktion von Lebensentwürfen und „verfälschen" ihre nachträglichen redaktionellen Korrekturen und Modifikation durch die Betroffenen ihren ursprünglichen spontanen Charakter, so zeigen sich dennoch in den Akzentsetzungen und angesprochenen Themen sowohl in den Raps als auch in den Interviews Übereinstimmungen, beginnend mit „no future" bis hin zu „Drogen" und „Frust", Ausrasten und „Geld" (Shell 2010).

Die kreative Dynamik der Jugendkulturen als „Zwischenraumkulturen", zwischen Inklusion und Exklusion, Ausschluss und Selbstausschluss, „aufstrebenden und untergehenden Paradigmen", sowie im Schwanken zwischen Dystopie, Utopie und Heterotopie, zeichnet sich aus durch einen Mangel an Analyse, und oftmals durch Selbstkritik und Selbstreflektion.

Hiphop und Rap ist eine internationale, seit Jahrzehnten tradierte Form jugendkulturellen Ausdrucks, der gemeinsame transkulturelle Bestimmungsmerkmale zukommen, der aber lokal-regional, biografisch, kulturell und sprachlich spezifische Aussageformen und Inhalte zukommen. Hinzu kommen die unterschiedlichen Rapgattungen, die von Gangsta- bis Gospelrap international vertreten sind und auf ihre Weise je andere Realitätszugänge und Ausdrucksformen suchen.

Leuchttürme und Leitkulturen werden zerstört, aber zu Versatzstücken und Material für neue und kurzfristig entstehende Rohstoffe, die ihrerseits im unkontrollier-baren/-ten Fluidum und Strom von Zeit, Raum und Dimensionen fortgesetzt neue Formationen annehmen. Unambitiös und authentisch ist diese post-postmoderne Form des Denkens, Agierens und Handelns, welche im Rap und im Hiphop in mindestens vier Richtungen zum Ausdruck kommt: *musical, graphique, vestimentaire, linguistique*… (Calvet 1994).

BHABA, Homi (2000). *Verortung der Kultur*. Tübingen: Stauffenberg.

BLELL, Gabriele/Christiane LÜTGE (2008). „Filmbildung im Fremdsprachenunterricht: neue Lernziele, Begründungen und Methoden". In: *Fremdsprachen lehren und lernen* 37: 124-140.

CALVET, Louis-Jean (1994). *Les voix de la ville*. Paris: Payot.

EIGENWALD, Nils (2011). „Lieder im Spanischunterricht". In: *Der fremdsprachliche Unterricht Spanisch* 32: 4–8.

DEUTSCHE SHELL (Hrsg.) (2000). *Jugend 2000*. (Bd. 1 u. 2). Opladen : Leske + Budrich.

GALTUNG, Johan (1985). „Struktur, Kultur und intellektueller Stil.– ein vergleichender Essay über sachsonische, teutonische, gallische und nipponische Wissenschaft". In: Alois Wierlacher (Hrsg.). *Das Fremde und das Eigene – Prolegomena zu einer interkulturellen Germanistik*. Iudicium: 151-193.

GOUDAILLER, Jean-Pierre (1997). *Comment tu tchatches? Dictionnaire du français contemporain des cités*. Paris : Maisonneuve et Larose.

NEW LONDON GROUP (1996). "A Pedagogy of Multiliteracies: Designing Social Futures." In: *Harvard Educational Review* 66/1: 60-92.

PRINZ, Manfred (2001). „Códigos de (auto-)exclusão – linguagem da juventude“. In: Boletim da Associaçãa de Brasileira de Linguística (ABRALIN), II Congresso Internacional, Fortaleza, Março 2001, Anais – Vol II: 335-340.

SCHWERDTFEGER, Inge (2003). „Übungen zum Hör-Seh-Verstehen.“ In: Karl-Richard Bausch et al. (Hrsg.). *Handbuch Fremdsprachenunterricht*. Tübingen: Franke: 299-302.

SOUSA SANTOS, Boaventura de (1995). *Pela Mão de Alice. O social e o político na pós-modernidade*. São Paulo: Cortez Editora.

THALER, Engelbert (2007). „Schulung des Hör-Seh-Verstehens.“ In: *PRAXIS Fremdsprachenunterricht* 4/2007: 12-17.

THE RIGHT RHYMES. Hip-Hop Slang Defined. www.therightrhymes.com.

In diesem Band verteilt finden Sie einige Graffitis, die sich als Einstieg in Arbeitsaufträge für den Unterricht eignen. Hier einige Aufgabenvorschläge zu den Graffitis:

1. Beschreibe das Bild. Was siehst Du? Was könnte das Bild bedeuten?
2. Was verbindest Du mit diesem Bild? Sammle Deine Ideen in einem Netzwerk.
3. Mit welchen Rap aus diesem Buch kannst Du das Bild in Verbindung bringen? Begründe Deine Interpretation.
4. Zeichne Dein eigenes Graffiti. Die Lieder und anderen Graffiti dieses Buches können Dich inspirieren.

En algunas páginas de este libro se hallan graffitis que pueden servir como material de entrada para clase. He aquí algunas propuestas de tareas para trabajar con estos graffitis:

1. Describe la imagen. ¿Qué ves? ¿Qué puede significar?
2. ¿Qué te sugiere esta imagen? Colecciona tus impresiones en una lluvia de ideas.
3. ¿Con qué rap de este libro puedes relacionar la imagen? Justifica tu interpretación.
4. Dibuja tu propio graffiti. Puedes inspirarte en las canciones o los otros graffiti de este libro.

Dans cet ouvrage, vous trouverez plusieurs graffitis que vous pourrez utiliser, par exemple, pour démarrer une séance de cours. Voici quelques pistes de réflexion concernant les graffitis:

1. Décrivez cette image. Que voyez-vous? Qu'est-ce que cette image veut montrer?
2. Écrivez en vrac les mots que cette image vous inspire pour en faire un filet de mots.
3. Avec quel rap de ce manuel peut-on associer cette image? Expliquez votre choix.
4. Dessinez votre propre graffiti. Vous pouvez t'inspirer des chansons et des graffitis du manuel.

Didáctica – punto de encuentro de espacios intermedios[1,2]

Mientras exista el ser humano, éste querrá y tendrá que aprender. Le impulsará la ambición, el afán de protagonismo y su curiosidad hasta llegar a nuevos ámbitos y desarrollar su potencial cognitivo, emocional y espiritual. Varios discursos meta han intentado explicar la naturaleza y el secreto de esta dinámica antropológica: la religión, varias teorías e innumerables conceptos en la pedagogía, e incluso las „ciencias“ didácticas de nuestro tiempo, todos con la intención de desencantar las expediciones de los curiosos y de humillarlos con su tutela. Las víctimas de este proceso son los más jóvenes, los más flexibles y más sumisos, que van a la escuela sabiendo que el mundo de los mayores queda inmune a estos intentos de influencia. Sin embargo, sigue habiendo recetas para personas de la tercera edad y para niños pequeños, ideas en los ámbitos de la especificidad de la edad y de la andragogía, una diversidad metódica que se aplica tanto en los ámbitos formales de la educación como en los ámbitos informales.

La siguiente lista asociativa de conceptos y temas didácticos son ejemplos de la diversidad de los objetos de análisis y su conexión interdisciplinaria.

---

1 Por favor, consulte la página web **www.rapromania.de** para encontrar materiales adicionales que permiten un trabajo más detallado.

2 Traducción: Rafael Cano García

CLUSTER [3]

Culturas juveniles Papel del profesor y tipos de estudiantes

Autonomía Portfolio Autoevaluación

Aprendizaje intercultural Didáctica con medios modernos

Teoría de los hemisferios sinopsis

Diversidad de destrezas Tareas

Currículos y Marco de Referencias

Investigación de la enseñanza de lenguas
Didáctica de multilingüismo

Pedagogía de contratos Plan de semana / plan Dalton

Perfiles de término inteligencia múltiple

Estándares Internacionalización de la enseñanza de las lenguas

Identidad Temas generativos

EVA Aprendizaje por estaciones Competencia comunicativa

Creatividad Orientación al estudiante Música y lengua

Enseñanza de lenguas a adultos y niños pequeños
etc.

---

[3] Palabras clave en la enseñanza de lenguas extranjeras

Todos los temas se pueden consultar en varias "biblias de la didáctica de lenguas extranjeras":

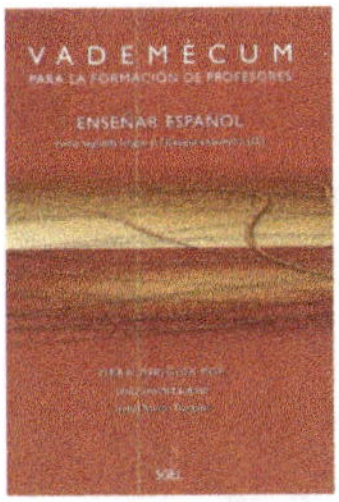

Detrás de estos temas, teoremas y conceptos de la didáctica hallamos conceptos, escuelas, capillas y bastiones muy individuales y ambiciosos, opuestos por sus intereses y no siempre por el bien de nuestros niños.

En el mejor de los casos tenemos campos de diversidad paradigmática transversales, interdisciplinarios y abiertos, dirigidos hacia un mundo que se constituye de nuevo constantemente. Los resultados serán resultados abiertos, metas y ambiciones de profesores ilusionados y activos, pero sobre todo dirigidos hacia los estudiantes (bajo la influencia de la política y otros marcos del día a día). Todo esto se efectúa en compañía de nuevas opciones curriculares, sociales y tecnológicas, que provocan la legitimación y - a la vez - su propia abolición. Es un mundo de simultaneidades falsas, lleno de contradicciones y relaciones sin coherencia, pero nosotros seguimos buscando justamente esa coherencia y no paramos hasta encontrarla.

No obstante, la didáctica sigue siendo la ciencia de la enseñanza y del aprendizaje, el puente entre las disciplinas académicas y hacia los mundos de enseñanza en las afueras de los contextos formales, una llave que nos abre el mundo entre las generaciones y sus intereses, formas de expresión y necesidades respectivos. Es por eso que la didáctica siempre tiene también una función unificadora en la monotonía de la repetición, y además vive de la dinámica de los cambios constantes de perspectivas.

Está estrechamente relacionada con las instituciones, disciplinas y teorías, y siempre tiene un elemento intercultural, ya que toda enseñanza depende de contextos culturales.

La didáctica también se encuentra en los puntos de encuentro de los espacios intermediarios, influye las destrezas del aprendizaje de idiomas (entre ellas destrezas "nuevas" como la comprensión audiovisual, el aprendizaje intercultural y la mediación) como también la didáctica con nuevos medios (los cambios en este ámbito ocurren con una velocidad impresionante).

Las didácticas individuales surgieron porque el ámbito de una didáctica general sería imposiblemente enorme. Aquí solo se mencionarán algunas de estas didácticas individuales: didáctica de las lenguas extranjeras, didáctica de las culturas, temas específicos para generaciones y sexos, literatura de la emigración, lengua de los jóvenes, música, gramática, vocabulario, multilingüismo.

Rap y cultura *hip hop* – espejo de la realidad compleja

La despedida de la coherencia semántica y el fin de la coherencia textual (el rap es un cante improvisado y directamente dirigido al público) ya anuncia la disolución de significados, se emprende una búsqueda de lo nunca dicho y de lo imposible de decir.

He aquí un ejemplo de la invención de nuevos significados:

„ *Vous en avez assez de cette* ***bande de racailles*** *? Eh bien, on va vous en débarrasser.*" (Zitat von Nicolas Sarkozy, 2005)
Los jóvenes de los Banlieues utilizan este nombre como autodenominación irónica. La palabra representa en el sentido más amplio la subcultura, la forma de articularse y de vestirse de acuerdo con el ejemplo americano del *gangsta.*
(Wikipedia, palabra clave „racaille")

La construcción y reconstrucción, el vaivén de significado y significante son un elemento central del rap y de la cultura *hip hop*. Inclusión y (auto-)exclusión tienen una omnipresencia, tanto en los textos como en la presentación de la música. Los mensajes permanecen en la incertidumbre y son explícitos a la vez, los espacios intermedios semánticos se convierten en espacios para la reconstrucción de sentidos. Es por eso que la interpretación de los textos es un acto de creatividad asociativa y reconstruyente, un acto que no conoce ni "correcto" ni "falso".

Los siguientes dossiers tienen en cuenta esta constitución de significados fluctuante, las letras son una aproximación de lo hablado, las ayudas de vocabulario no siempre son claras y dejan espacio para otras interpretaciones. Los vídeos y materiales adicionales ofrecen informaciones acerca de los grupos y los temas tratados. Las tareas individuales juegan un papel central, partiendo de interpretaciones diversas y con el fin de efectuar discusiones controversas.

La lista con los temas (al final del prefacio) contiene conceptos que se tratan en las canciones y pueden ser identificadas por el oyente. Es una colección abierta de temas confeccionada a nivel meta y tratada en los raps.

La lista alfabética de los temas puede servir de ayuda para encontrar referencias intertextuales y muchas veces codificadas, manteniendo el carácter abierto de los contenidos.

Alkohol – Alcol – Alcool	2.5., 3.3., 3.6.
Arbeit – Trabajo – Travail	2.5.
Armut – Pobreza – Pauvreté	2.3., 2.4., 2.6., 2.8., 3.6.
Ausgrenzung – Exclusión – Exclusion	2.3.
Bescheidenheit – Humildad – Modestie	3.1.
Brüderlichkeit – Hermandad – Fraternität	2.3., 3.1., 3.6.
Drogen – Drogas – Drogue	3.3., 3.4., 3.5., 3.6.
Ehre – Honor – Honneur	3.1.
Eifersucht – Celos – Jalousie	2.4.
Einsamkeit – Soledad – Solitude	2.1.
Erinnerung – Recuerdos – Mémoire	2.1.
Faulheit – Pereza – Paresse	2.5.
Flucht – Huida – Fuite	2.3., 2.4., 3.5.

Frauen – Mujeres – Femmes	2.7.
Freiheit – Libertad – Liberté	2.3., 3.3.
Frieden – Paz – Paix	3.1.
Gesetz – Ley – Droit	2.2., 3.4.
Gewalt – Violencia – Violence	2.2., 2.4., 2.5., 2.7., 3.4., 3.6.
Hass – Odio – Haine	2.4.
Hoffnung – Esperanza – Espoir	2.3., 3.3.
Identität – Identidad – Identité	2.3., 2.7.
indianische Kultur – Culturas indígenas – La culture indigène	2.8.
Jugend – Juventud – Jeunes	2.6., 2.8., 3.4.
Kapitalismus – Capitalismo – Capitalisme	2.2., 2.3., 3.2.
Kolonialismus – Colonialismo – Colonialisme	2.3., 3.2.
Korruption – Corrupción – Corruption	2.2.
Krieg – Guerra – La guerre	3.3.
Kriminalität – Criminalidad – Criminalité	2.4., 2.5., 2.8., 3.4., 3.6.
Kummer – Penas – Chagrin	2.1., 3.3.
Liebe – Amor – Amour	2.1., 2.5., 2.7., 3.1., 3.2.
Machismo – Machismo – Le machisme	2.1., 2.5., 2.7., 3.6.
Moral – Moral – Moralité	2.2.
Mord – Asesinato – Meurtre	2.4.
Politik – Política – politique	2.6.
Polizeigewalt – Violencia de la policía – La violence de la police	2.4., 3.4.
Rassismus – Racismo – Racisme	3.4.

Religion – Religión – Religion Gott – Dios – Dieu	2.2., 3.3., 3.6.
Respekt – Respeto – Respect	2.6., 3.1.
Reue – Arrepentimiento – Remords	2.1.
Selbstmord – Suicidio – Suicide	2.1., 3.3.
Sklavenhandel – Tráfico de esclavos – Commerce des esclaves	3.2.
Solidarität – Solidaridad – Solidarité	2.3., 3.6.
soziale Ungleichheit – Desigualdad social – Les inégalités sociales	2.3., 2.4., 2.6., 2.8., 3.6.
Staat – Estado – État	2.4.
Teufel – Diablo – Diable	2.2.
Tod – Muerte – Mort	2.1., 2.4., 3.3., 3.5.
Träume – Sueños – Rêves	2.1., 2.3.
Verlust – Pérdida – Perte	2.1.
Verrat – Traición – Livraison	3.1.
Verzweiflung – Desesperación – Désespoir	2.1., 2.4., 3.6.
Wut – Rabia – Rage	3.3.

Culturas juveniles – dinámica de los espacios intermedios

Nuestras sociedades multiculturales, compuestas por una parte creciente de personas con "transfondos migratorios", relaciones de asimetría socioeconómicas, culturales y generacionales, ha provocado un análisis crítico de las relaciones de dominancia internacional y de los jóvenes en varios contextos "glocales". Los estudios Shell investigan desde el año 1953 los jóvenes en contextos migratorios en Alemania, ofreciéndonos una perspectiva completamente diferente a la del rap. En las entrevistas podemos reconocer un carácter "falsificador", ya que se formalizan las ideas espontáneas de los jóvenes. Aún así encontramos muchos de los temas tratados en las canciones.

La dinámica creativa de las culturas juveniles en "culturas de espacios intermedios", entre inclusión y exclusión, paradigmas emergentes y vigentes, utopías y distopías, muestra una falta de análisis, pero a la vez indica un alto grado de autocrítica y autoreflexión.

Hip hop y el rap son formas de expresión internacionales, reuniendo rasgos transculturales y desarrollando formas de expresión y contenidos locales-regionales, biográficos, culturales y lingüísticos. Además, encontramos una gran variedad de subgéneros del rap, ofreciendo una multitud de posibles caminos de interpretación.

Se destruyen faros y culturas dominantes y se sustituyen por fragmentos y materiales que forman nuevas materias primas, formándose constantemente de nuevo. Esta forma de pensar y actuar se manifiesta en la cultura hip hop en por lo menos cuatro direcciones: *musical, graphique, vestimentaire, linguistique…* (Calvet 1994).

BHABA, Homi (2000). *Verortung der Kultur*. Tübingen: Stauffenberg.

BLELL, Gabriele/Christiane LÜTGE (2008). „Filmbildung im Fremdsprachenunterricht: neue Lernziele, Begründungen und Methoden". In: *Fremdsprachen lehren und lernen* 37: 124-140.

CALVET, Louis-Jean (1994). *Les voix de la ville*. Paris: Payot.

EIGENWALD, Nils (2011). „Lieder im Spanischunterricht". In: *Der fremdsprachliche Unterricht Spanisch* 32: 4–8.

DEUTSCHE SHELL (Hrsg.) (2000). *Jugend 2000.* (Bd. 1 u. 2). Opladen : Leske + Budrich.

GALTUNG, Johan (1985). „Struktur, Kultur und intellektueller Stil.– ein vergleichender Essay über sachsonische, teutonische, gallische und nipponische Wissenschaft". In: Alois Wierlacher (Hrsg.). *Das Fremde und das Eigene – Prolegomena zu einer interkulturellen Germanistik.* Iudicium: 151-193.

GOUDAILLER, Jean-Pierre (1997). *Comment tu tchatches? Dictionnaire du français contemporain des cités.* Paris : Maisonneuve et Larose.

NEW LONDON GROUP (1996). "A Pedagogy of Multiliteracies: Designing Social Futures." In: *Harvard Educational Review* 66/1: 60-92.

PRINZ, Manfred (2001). „Códigos de (auto-)exclusão – linguagem da juventude". In: Boletim da Associaçãa de Brasileira de Linguística (ABRALIN), II Congresso Internacional, Fortaleza, Março 2001, Anais – Vol II: 335-340.

SCHWERDTFEGER, Inge (2003). „Übungen zum Hör-Seh-Verstehen." In: Karl-Richard Bausch et al. (Hrsg.). *Handbuch Fremdsprachenunterricht*. Tübingen: Franke: 299-302.

SOUSA SANTOS, Boaventura de (1995). *Pela Mão de Alice. O social e o político na pós-modernidade*. São Paulo: Cortez Editora.

THALER, Engelbert (2007). „Schulung des Hör-Seh-Verstehens." In: *PRAXIS Fremdsprachenunterricht* 4/2007: 12-17.

THE RIGHT RHYMES. Hip-Hop Slang Defined. www.therightrhymes.com.

KULTURANT
HOUSE
HOUND
HOUSE
BILD IST
DER STADT!
by
'95

La didactique – créatrice de liens[1,2]

Depuis toujours, l'Homme est animé par le désir et le besoin d'apprendre. L'ambition, la soif de reconnaissance et la curiosité le mènent vers de nouveaux horizons, tandis que ses aptitudes physiques, intellectuelles, émotionnelles et spirituelles se développent. D'innombrables métadiscours, théories et concepts issus des milieux religieux et pédagogiques ont tenté de percer le secret de cette dynamique anthropologique, jusqu'à culminer aujourd'hui en une "science" nommée didactique. Tous ces efforts ne tendaient que vers le seul but d'ôter toute magie et tout charme à la quête du nouveau de la part des esprits curieux, pour finalement la mettre sous tutelle.

Les victimes de ce processus sont les membres les plus jeunes de la société, les plus malléables et dociles, qui sont confiés à l'école, étant donné que le monde des adultes reste soit insensible et indifférent à ce genre de tentatives de privation du libre-arbitre, soit y oppose une résistance passive.

Pour autant, il n'en existe pas moins des recettes pour les seniors et les enfants d'âge préscolaire, des réflexions sur l'enseignement adapté aux spécificités des différentes tranches d'âge et l'andragogie, et sur le pluralisme des méthodes qui sont appliquées à la fois dans les secteurs éducatifs institutionnel et informel.

Dans l'invitation Le remue-ménage ci-dessous associant des langues étrangères et des notions didactiques générales illustre la variété des sujets d'étude ainsi que leur ancrage interdisciplinaire, qui permet d'associer la discipline concernée avec sa didactique spécifique:

---

[1] Vous trouverez du matériel complétaire sur notre site internet (**www.rapromania.de**) vous permettant d'approfondir les thématiques traités dans notre ouvrage.

[2] Traduction par Christophe Schaumburg.

Cluster[3]

Cultures des jeunes Rôle de l'enseignant et types d'apprenants

Autonomie Autoévaluation

Apprentissage interculturel Didactique multimédia

Théorie des hémisphères Synapses

Diversité des compétences Typologie des exercices

Rercherche sur l'enseignement des langues Didactique multilingue

Pédagogie de contrat Plan Dalton

Standards Internationalisation de l'enseignement des langues

Identité Thèmes génératifs

Créativité Centration sur les apprenants

Musique dans l'enseignement des langues

Apprentissage précoce et apprentissage tardif des langues

etc.

---

[3] Palabras clave en la enseñanza de lenguas extranjeras.

Tout cela est plus ou moins abordé dans de nombreux ouvrages de référence pour la didactique des langues:

Derrière ces thèmes, théorèmes et concepts didactiques se cachent des conceptions très individuelles, des écoles, des chapelles et bastions aux intérêts divergents voire opposés, oubliant parfois leur mission première de trouver ensemble et en toute modestie de nouvelles voies dans l'intérêt des apprenants.

Dans le meilleur des cas, nous sommes en présence d'une multitude de paradigmes transversaux et interdisciplinaires, qui visent à appréhender et à mettre en forme un univers éducatif en constante évolution. Ils ont pour objectif des solutions ouvertes, destinées d'un côté à répondre aux objectifs et problèmes aussi bien des enseignants débutants que chevronnés, et de l'autre à ceux de la majorité des apprenants qui nous sont confiés dans le cadre de la scolarité obligatoire et poursuivent, plus ou moins soutenus par leurs parents, une scolarité largement prédéterminée par la politique, les autorités éducatives et les formes et structures établies.

Mais tout cela se déroule sur le fond d'options curriculaires, sociétales, technologiques et autres sans cesse renouvelées, qui œuvrent à se légitimer ou parfois à leur propre fin… Un univers de principes concomitants ou non, contradictoires et se relativisant les uns les autres, bref sans cohérence, cohérence à laquelle nous savons avoir bon gré, mal gré renoncé, mais dont, avec l'acharnement du désespoir, nous poursuivons la quête.

Pour autant, la didactique, la science de l'enseignement et de l'apprentissage, reste le lien entre les disciplines universitaires et les univers d'apprentissage intra- et extra-universitaires, entre l'école et la vie, entre les univers générationnels avec leurs intérêts, formes d'expression et besoins respectifs. Ainsi, de par sa fonction d'assistance et de lien, elle souffre de la monotonie de l'éternel ressassement, alors qu'elle vit tout autant du dynamisme des perspectives sans cesse renouvelées de ceux qu'elle sert/**ambitionne de servir.**

Par ailleurs, elle se situe au point de rencontre et de jonction d'espaces nouveaux qui s'ouvrent en permanence en son sein, de la quadrature des compétences "classiques" jusqu'à leurs extensions nouvelles telles que la compréhension audiovisuelle, l'apprentissage interculturel, la médiation linguistique et bien d'autres, en didactique des médias, laquelle démarra avec les médias audio-oraux et navigue aujourd'hui à vitesse croissante entre Internet, I-Pod, tablettes et autres objets communicants, à un rythme que les enseignants et les apprenants peinent à suivre, et inversant de surcroît les rôles, de sorte que l'autonomie des apprenants enfin atteinte est en même temps devenue la condition *sine qua non* de l'enseignement: à la fois nécessaire et fondamentale.

Le champ global de la didactique étant devenu trop vaste, les didactiques spécialisées sont apparues, comme les didactiques des langues vivantes, dédiées aux différentes langues, familles et variétés linguistiques, littératures et cultures, impossibles à couvrir par une seule discipline. Prenons l'exemple des langues romanes: pour chacune d'entre elles la production littéraire. scientifique et culturelle, avec les nombreuses variantes régionales, les innombrables spécialisations thématiques, sont autant de défis au quotidien pour l'enseignant qui cherche à la fois à motiver ses "pupilles" et à rester à niveau. La didactique des langues, avec l'apprentissage (inter)culturel est caractérisée par une dynamique interne insufflée par les apports de la littérature des migrants, les biographies et la langue des jeunes avec des formes d'expression musicales telles que le hip-hop, le reggae, le raï issus de la multitude des pays concernés, ce qui lui permet de thématiser aisément les pratiques linguistico-culturelles de la vie quotidienne tout comme les besoins et les intérêts de la jeunesse.

De cette manière, on parvient tout naturellement à atteindre les objectifs tels que l'autonomie de l'apprenant, la tolérance des fautes, l'acquisition implicite de la grammaire et du vocabulaire…

La culture rap et hip-hop, reflet d'une *réalité* complexe

L'émancipation de la cohérence sémantique et syntaxique du texte qui est présenté à l'auditeur de manière scandée ainsi que l'interversion ludique des syllabes en verlan pour créer des codes réservés aux initiés annonce la dissolution des signifiants afin de pouvoir exprimer ce qui jusqu'ici était non-dit ou indicible, faute de moyens pour le dire. Le mot *racaille*, désignant à l'origine les petits délinquants des banlieues des grandes villes, terme clé des émeutes de l'automne 2005 en France, illustre la mue sémantique d'un mot qui d'insulte méprisante est quasiment devenu un titre de noblesse dont se réclament aujourd'hui avec fierté ceux qu'il visait:

„ *Vous en avez assez de cette* ***bande de racailles*** *? Eh bien, on va vous en débarrasser.*" (citation de Nicolas Sarkozy, 2005)

Le mot ***racaille*** est un terme péjoratif servant à désigner une personne ou une catégorie de personnes, souvent la frange considérée comme méprisable d'un groupe. (Wikipédia)

Ces constructions et déconstruction, ce va-et-vient entre signifiant et signifié, ici dans la désignation des espaces sociaux périphériques vécus comme chroniquement précaires – et conflictogènes - que sont les banlieues (ou "quartiers") des grandes villes, sont les éléments constitutifs du rap et de la culture hip-hop. L'inclusion et l'(auto)exclusion y sont des thèmes omniprésents sur les plans à la fois économique, sémantique et musical. Les sens des mots y demeurent généralement en suspens, tout au plus cristallisés dans le refrain, tout en distillant un message clair. Les interstices sémantiques deviennent le lieu de nouvelles (re)constructions sémantiques. Ainsi, la (tentative de) compréhension des textes demeure-t-elle un acte créatif d'association et de reconstruction de sens, dans le cadre duquel les catégories "juste" et "faux" ainsi que la perfection syntactico-grammaticale paraissent obsolètes.

Les différents dossiers tiennent compte de ces glissements de sens. La transcription des paroles est approximative, tout comme le sont les indications lexicales, qui ne sont que des pistes ouvrant la voie à des interprétations sémantiques diverses. Les extraits vidéo et les documents annexes fournissent des informations complémentaires sur les origines du groupe, les sujets et les aspects culturels abordés. L'essentiel du travail de déchiffrage repose sur des TP individuels dans lesquels chaque auditeur et lecteur construit sa propre interprétation en s'appuyant sur ses recherches, ce qui invite ensuite au débat.

La liste des thèmes contient sous forme de glossaire en langue standard des termes généraux évoqués dans les paroles des chansons et identifiés par les auditeurs-lecteurs. Il s'agit d'une liste ouverte de thèmes référentiels et métalinguistiques abordés par les rappeurs sur les registres de langue "jeune" et familier.

Cette liste thématique alphabétique pour chaque titre mène à des sens cachés dans des codes interlinéaires souvent complexes, tout en sachant que la forme musicale ouverte implique en même temps une liberté d'interprétation des contenus, lesquels sont rarement clairement définis mais plutôt traités sur le mode allusif.

Alkohol – Alcol – Alcool	2.5., 3.3., 3.6.
Arbeit – Trabajo – Travail	2.5.
Armut – Pobreza – Pauvreté	2.3., 2.4., 2.6., 2.8., 3.6.
Ausgrenzung – Exclusión – Exclusion	2.3.
Bescheidenheit – Humildad – Modestie	3.1.
Brüderlichkeit – Hermandad – Fraternité	2.3., 3.1., 3.6.
Drogen – Drogas – Drogue	3.3., 3.4., 3.5., 3.6.
Ehre – Honor – Honneur	3.1.

Eifersucht – Celos – Jalousie	2.4.
Einsamkeit – Soledad – Solitude	2.1.
Erinnerung – Recuerdos – Mémoire	2.1.
Faulheit – Pereza – Paresse	2.5.
Flucht – Huida – Fuite	2.3., 2.4., 3.5.
Frauen – Mujeres – Femmes	2.7.
Freiheit – Libertad – Liberté	2.3., 3.3.
Frieden – Paz – Paix	3.1.
Gesetz – Ley – Droit	2.2., 3.4.
Gewalt – Violencia – Violence	2.2., 2.4., 2.5., 2.7., 3.4., 3.6.
Hass – Odio – Haine	2.4.
Hoffnung – Esperanza – Espoir	2.3., 3.3.
Identität – Identidad – Identité	2.3., 2.7.
indianische Kultur – Culturas indígenas – La culture indigène	2.8.
Jugend – Juventud – Jeunes	2.6., 2.8., 3.4.
Kapitalismus – Capitalismo – Capitalisme	2.2., 2.3., 3.2.
Kolonialismus – Colonialismo – Colonialisme	2.3., 3.2.
Korruption – Corrupción – Corruption	2.2.
Krieg – Guerra – La guerre	3.3.
Kriminalität – Criminalidad – Criminalité	2.4., 2.5., 2.8., 3.4., 3.6.
Kummer – Penas – Chagrin	2.1., 3.3.
Liebe – Amor – Amour	2.1., 2.5., 2.7., 3.1., 3.2.
Machismo – Machismo – Le machisme	2.1., 2.5., 2.7., 3.6.
Moral – Moral – Moralité	2.2.

Mord – Asesinato – Meurtre	2.4.
Politik – Política – Politique	2.6.
Polizeigewalt – Violencia de la policía – La violence de la police	2.4., 3.4.
Rassismus – Racismo – Racisme	3.4.
Religion – Religión – Religion Gott – Dios – Dieu	2.2., 3.3., 3.6.
Respekt – Respeto – Respect	2.6., 3.1.
Reue – Arrepentimiento – Remords	2.1.
Selbstmord – Suicidio – Suicide	2.1., 3.3.
Sklavenhandel – Tráfico de esclavos – Commerce des esclaves	3.2.
Solidarität – Solidaridad – Solidarité	2.3., 3.6.
soziale Ungleichheit – Desigualdad social – Les inégalités sociales	2.3., 2.4., 2.6., 2.8., 3.6.
Staat – Estado – État	2.4.
Teufel – Diablo – Diable	2.2.
Tod – Muerte – Mort	2.1., 2.4., 3.3., 3.5.
Träume – Sueños – Rêves	2.1., 2.3.
Verlust – Pérdida – Perte	2.1.
Verrat – Traición – Livraison	3.1.
Verzweiflung – Desesperación – Désespoir	2.1., 2.4., 3.6.
Wut – Rabia – Rage	3.3.

Les cultures des jeunes ou le bouillonnement culturel des espaces interstitiels

Les sociétés dites multiculturelles, composées d'une part croissante de personnes ayant un "arrière-plan migratoire", les asymétries socioéconomiques et culturelles au sein des sociétés et entre elles, mais aussi de plus en plus entre les générations que l'on constate dans le monde actuel ont mené à des questionnements non seulement sur les rapports de domination au plan international mais aussi sur la place des jeunes dans différents contextes "glocaux". Les études commandées par le pétrolier Shell depuis 1953 s'intéressent de plus en plus aux jeunes en contexte migratoire en Allemagne. Ainsi, depuis 1981, des sondages qualitatifs ont été effectués dans les 13e et 16e (datant respectivement de 2001 et 2010), sur la base de 20 études de cas consacrées à des jeunes de 15 à 24 ans issus de milieux culturels différents. Cette forme de questionnaire et de biographies construites se distingue radicalement des déclarations poético-musicales que l'on trouve tout particulièrement dans le rap avec sa langue improvisée, souvent dialoguée et à caractère fortement appellatif et expressif, voire expressionniste. Alors que les interviews, par leur caractère directif, visent à construire des projets de vie et "falsifient" par les corrections et modification apportées à postériori par les personnes interrogées le caractère spontané originel, il n'en demeure pas moins des recoupements entre ces interviews et les texte de rap, à la fois dans les thèmes abordés et dans les accentuations, en commençant par l'idée du "no future", jusqu'à "drogues" et "frustration", "péter les plombs" et "argent, fric" (Shell 2010).

On voit le dynamisme créatif des cultures des jeunes en tant que cultures interstitielles, entre inclusion et (auto-)exclusion, "paradigmes montants et paradigmes en perte de vitesse", ainsi que l'hésitation entre dystopie, utopie et hétérotopie, manque d'analyse, et pourtant bien souvent avec une autocritique et une réflexion sur soi-même.

Le hip-hop et le rap sont des formes d'expression internationales et déjà vieilles de plusieurs décennies de la "jeune culture" ou culture des jeunes, présentant des caractéristiques transculturelles communes, avec cependant des spécificités ou variantes linguistiques culturelles locales/régionales et biographiques. S'y ajoutent les différences de genres de rap, du gangsta rap au gospel rap, qui cherchent à exprimer chacun de manière différente leur propre approche de la réalité.

Les repères culturels et les modèles culturels dominants sont détruits pour ensuit être repris par bribes et "recyclés" dans un processus continu et incontrôlable de (re)création.

Ce mode de pensée et d'action postmoderne à la fois authentique et sans prétention s'exprime dans le rap et le hip-hop sur au moins quatre plans: *musical, graphique, vestimentaire, linguistique ...* (Calvet 1994).

BHABA, Homi (2000). *Verortung der Kultur*. Tübingen: Stauffenberg.

BLELL, Gabriele/Christiane LÜTGE (2008). „Filmbildung im Fremdsprachenunterricht: neue Lernziele, Begründungen und Methoden". In: *Fremdsprachen lehren und lernen* 37: 124-140.

CALVET, Louis-Jean (1994). *Les voix de la ville*. Paris: Payot.

EIGENWALD, Nils (2011). „Lieder im Spanischunterricht". In: *Der fremdsprachliche Unterricht Spanisch* 32: 4–8.

DEUTSCHE SHELL (Hrsg.) (2000). *Jugend 2000.* (Bd. 1 u. 2). Opladen : Leske + Budrich.

GALTUNG, Johan (1985). „Struktur, Kultur und intellektueller Stil.– ein vergleichender Essay über sachsonische, teutonische, gallische und nipponische Wissenschaft". In: Alois Wierlacher (Hrsg.). *Das Fremde und das Eigene – Prolegomena zu einer interkulturellen Germanistik.* Iudicium: 151-193.

GOUDAILLER, Jean-Pierre (1997). *Comment tu tchatches? Dictionnaire du français contemporain des cités.* Paris : Maisonneuve et Larose.

NEW LONDON GROUP (1996). "A Pedagogy of Multiliteracies: Designing Social Futures." In: *Harvard Educational Review* 66/1: 60-92.

PRINZ, Manfred (2001). „Códigos de (auto-)exclusão – linguagem da juventude". In: Boletim da Associaçãa de Brasileira de Linguística (ABRALIN), II Congresso Internacional, Fortaleza, Março 2001, Anais – Vol II: 335-340.

SCHWERDTFEGER, Inge (2003). „Übungen zum Hör-Seh-Verstehen." In: Karl-Richard Bausch et al. (Hrsg.). *Handbuch Fremdsprachenunterricht.* Tübingen: Franke: 299-302.

SOUSA SANTOS, Boaventura de (1995). *Pela Mão de Alice. O social e o político na pós-modernidade.* São Paulo: Cortez Editora.

THALER, Engelbert (2007). „Schulung des Hör-Seh-Verstehens." In: *PRAXIS Fremdsprachenunterricht* 4/2007: 12-17.

THE RIGHT RHYMES. Hip-Hop Slang Defined. www.therightrhymes.com.

Projektbeschreibung und Bedienungsanleitung: Fremdsprachenlernen mit HipHop aus romanischsprachigen Ländern[1]

Das vorliegende Projekt ist eine Gemeinschaftsproduktion einer Gruppe von studentischen und wissenschaftlichen Mitarbeitern und wird unter der Leitung von Prof. Dr. Manfred Prinz durchgeführt. Ziel dieser Initiative ist es, ein Handbuch für Lehrkräfte und SchülerInnen zu entwickeln, das den Nutzen von Rap-Texten für den schulischen Sprachenerwerb hervorhebt. Das Projekt ist interdisziplinär gedacht und siedelt sich dabei in den Forschungsgebieten „Jugendkulturen", „Jugendsprachen", „offener Unterricht", „Mehrsprachigkeitsdidaktik", „multimedialer Fremdsprachenunterricht" an.

HipHop ist eine der facettenreichsten und weitverbreitetsten Jugendkulturen weltweit, die zudem auf eine knapp 40-jährige Geschichte zurückblicken kann. In jedem Land gibt es heutzutage einzelne HipHop-Kulturen, die sich in die globale HipHop-Gemeinschaft einordnen, ohne den sozialen und auch kulturellen Kontext zu vernachlässigen. Somit bietet diese Jugendkultur durch ihren **„glokalen"** Charakter den Heranwachsenden die Möglichkeit, ihre regionale, lokale Identität in einen zunehmend internationalen Kontext zu integrieren. Zudem reflektiert der HipHop die Lebenswelten vieler Jugendlicher, da er von jungen Menschen für junge Menschen gemacht ist. Diese Lebenswelten beinhalten jedoch nicht nur den bestimmten Musikstil, sondern auch künstlerische Elemente (breakdance, graffiti), andere Bräuche wie spezielle Kleidung oder ein bestimmter Sprachgebrauch. Der HipHop reflektiert diese Lebenswelten also sowohl auf der Produktions- und Ausdrucksebene als auch auf der Konsum- und Rezeptionsebene.

Der moderne Fremdsprachenunterricht sollte bei den Geschmacks- und Hörgewohnheiten der Lerner anschließen und genau diese Lebenswelten berücksichtigen und thematisieren. Im Zuge **neuer Lernkulturen und medialer Möglichkeiten** geht es u.a. auch darum, landeskundliche sowie sprachliche Aspekte durch **authentische Dokumente** darzustellen und den Unterricht somit lebendig

[1] Harald Nolte

werden zu lassen, um den teilweise fehlenden Realitätsbezug von herkömmlichem Fremdsprachenunterricht zu durchbrechen. Zudem sollen Schüler vor dem Hintergrund einer **Ermöglichungsdidaktik** auch im Unterricht aktiv teilnehmen und ihre individuellen Voraussetzungen mit einbringen, während der Lehrer als Wissensvermittler vermehrt in den Hintergrund tritt und eher die Rolle des Lernbegleiters übernimmt. Dabei muss ein Augenmerk auf **ergebnisoffenem Unterricht** liegen, denn komplexe Rap-Texte stellen sowohl LehrerInnen als auch Schüler vor Verstehensprobleme und bieten offene Bedeutungen, die kreatives Verstehen fordern und keine „korrekten" Interpretationen liefern. Daher kann auch **kein Anspruch auf Perfektion** bei dieser Form des Fremdsprachenlernens erhoben werden. Vielmehr ist das vorliegende Projekt ein Angebot, dass lernniveauübergreifend alle EU-Referenzniveaus von A1 bis C2 anspricht, denn nicht nur das Verstehen der Sprache, sondern auch das Erkennen künstlerischer Elemente oder die musikalische Unterhaltung sind durchaus Ziele des Unterrichtseinsatzes.

Fremdsprachenunterricht sollte außerdem immer **ganzheitlich orientiert alle Fertigkeiten schulen** (hören, lesen, schreiben, sprechen). Dabei kommen dem Hörverstehen und dem Abbau von Sprechängsten zentrale Rollen zu, da sie die authentische Kommunikation als einen der wichtigsten Motivationsfaktoren für Fremdsprachenlernen maßgeblich bedingen.

Ein weiterer wichtiger Punkt ist die **Mehrsprachigkeit bzw. –kulturalität** im Fremdsprachenunterricht. SchülerInnen sollten mit vielen verschiedenen Sprachen bzw. Kulturen in Kontakt kommen, um somit die Reserviertheit gegenüber dem „Anderen" zu verringern und u.U. sprachliche Anknüpfungspunkte zu finden, die das Erlernen weiterer Fremdsprachen erleichtern oder zumindest dazu motivieren. HipHop-Kulturen eignen sich für das eben genannte Unterrichtsziel sehr gut, denn dort sprechen wir generell eher von Zwischenraumkulturen denn von monolithischen Kulturen.

Bei all diesen Aspekten spielt die **Multimedialität im Sinne eines modernen, mehrkanaligen Lernens** eine große Rolle und das Internet wird als Symbol für transkulturelle Kommunikation zu einem zentralen Medium des Fremdsprachenunterrichts, da es u.a. audiovisuelle Dokumente und Hypertexte in großer Menge zur Verfügung stellt. Aufgrund der Vielzahl an Auswahl und Möglichkeiten stellt das vorliegende Projekt eine Gelegenheit dar, zu einem gelenkten, sinnvollen und auf Auswahl gerichteten Umgang mit dem neuen Medium anzuleiten.

Alle hier angesprochenen Aspekte können mittels der Thematisierung von HipHop im Unterricht sehr effektiv berücksichtigt werden, wie diese Arbeit zeigt. Zu Beginn der Publikation werden ausgewählte Informationen zur HipHop-Kultur als solche zur Verfügung gestellt und eine Landkarte der verschiedenen Sprachräume präsentiert. Zusätzlich ist aufgrund der enormen Bedeutung für das Internetzeitalter ein Dossier zum Thema „Copyrights" bzw. „Plagiaten" hinzugefügt, dass auch auf Schüleraktivität ausgerichtet ist und sich damit perfekt in die Leitgedanken des Projektes einfügt. Einige Anmerkungen für LehrerInnen gehen zudem noch auf die ebengenannten didaktischen Rahmenbedingungen ein.

Der Hauptteil der Arbeit zeigt Möglichkeiten zum unterrichtlichen Einsatz von HipHop aus dem romanischen Raum. Vierzehn konkrete Rap-Texte (mit entsprechenden Verweisen auf die zugehörige Musik) aus den französischen und spanischen Sprachräumen werden dort einzeln dargestellt, mit erklärendem Vokabelglossar unterstützt, durch verschiedenste Hintergrundinformationen wie Biografien der Künstler etc. ergänzt und schlussendlich durch konkrete Arbeitsanregungen komplettiert.

Zu jedem Rap ist zudem eine ausführliche Themenliste erstellt worden, die eine Übersicht über die angesprochenen Sachbereiche gibt und damit einen schnellen Überblick über die Inhalte des Raps gewährt und sogenannte **Themencrossings** zu anderen Raps herstellt, die sich mit ähnlichen Themen befassen.

Alle Dossiers sind nach dem folgenden Schema aufgebaut:

1. Informationen zu dem Rap-Song (inkl. Internet-Links zum Ansehen/Anhören)
2. Rap-Text
3. erklärendes Vokabular
4. Biografie der Künstler
5. landeskundliche Informationen zum Herkunftsland der Künstler

6. angesprochene Themen
7. Arbeitsanregungen mit gelenkten, aber ergebnisoffenen Fragen
8. Weiterführende multimediale Quellen bzw. Internetlinks zur Vertiefung

Mit entsprechenden Symbolen versehene Abschnitte in den Dossiers (🖱)weisen auf die **publikationsbegleitende Webseite** hin (**www.rapromania.de**), die ausgehend von den Aufgabenstellungen in den Dossiers ergänzende Links zu Webseiten, Videos und Audiomaterial bietet und als Ausgangspunkt für eine vertiefende Auseinandersetzung mit den Themen dienen soll.

Den Prinzipien des Web 2.0 folgend bietet der Webauftritt weiterhin die Möglichkeit, einen **regen und direkten Austausch** zwischen Autoren und Benutzern herzustellen. Entsprechende Kontaktformulare können dabei für Kommentare, Anregungen sowie Ergänzungsvorschläge genutzt werden. Die so entstehende **Offenheit** garantiert eine stets aktualisierte Webversion der Publikation, die auch Jahre nach Veröffentlichung der Printausgabe noch Ergänzungen und neue Perspektiven bieten kann.

Die Arbeitsanregungen sind dabei absichtlich sehr facettenreich (z.B. Aufgaben zum Text, zur Musik sowie kreative Elemente wie Rollenspiele, Produktion eigener Raps o.ä.) und in großer Anzahl vorhanden, um den LehrerInnen und Lernern einen Pool von Anregungen zur Verfügung zu stellen, von dem ausgehend **jede Unterrichtsgruppe individuelle Schwerpunkte** setzen kann. Im weiteren Verlauf findet sich zu jedem Rap-Text eine Liste mit Anknüpfungspunkten, die dazu einladen sollen, landeskundliche oder sprachpraktische Themen (Sprachvarietäten, Grammatik, etc.), die im Zusammenhang mit den Rap-Texten stehen, zu vertiefen. Hier liegt der Fokus auf einem **abwechslungsreichen Medienangebot**. Darunter finden sich sowohl Zeitungsartikel oder Interviews als auch Reportagen und Dokumentar- oder Spielfilme bzw. Comics.

Insgesamt soll die Behandlung des Rap im Unterricht **Projektcharakter** besitzen und die Dossiers sind daher **vielseitig und ergebnisoffen** angelegt. Es geht dabei zudem darum, **lernniveauübergreifend** Materialien zur Verfügung zu stellen, denn HipHop sollte nicht erst nach mehreren Lernjahren für SchülerInnen zugänglich sein.

Ein weiterer Teil dieser Publikation dient der Reflektion, indem er den SchülerInnen Platz bietet, anhand gewisser Fragen den Lernprozess Revue passieren zu lassen und individuelle Erkenntnisse festzuhalten.

Literatur:

BAUSCH/CHRIST/KRUMM [Hrsg.] (2007): *Handbuch Fremdsprachendidaktik*, Stuttgart: UTB.

CALVET, Louis-Jean (1994): *Voix de la Ville*, Ed. Payot.

CACHIN, Olivier (2001): *L'offensive rap*, Gallimard.

OVERMANN, Manfred (2002): *multimediale Fremdsprachendidaktik*, Frankfurt: Peter Lang.

TOOP, David (1992): *Rap attack*, München: Wilhelm Heyne.

Kleines Lexikon des HipHop[1]

Battle
Wettstreit unter HipHoppern. Kann ausgetragen werden unter →DJ's, →Breakdancern, →Writern. Beim Freestyle-Battle wird Rap über einen →Beat improvisiert.

Beat
Sich regelmäßig wiederholender Schlag. Tragendes Element eines →HipHop-Stückes, bestehend aus Bass- und Snaredrum und häufig einem Hi Hat (Krekow u.a. 1999: 49).

Beat Boxen
Erzeugen eines →Beat allein durch Lippen, Zunge und Stimme.

Breakdance
(B-Boying) Element des HipHop. Straßentanz in akrobatischer Form, häufig am Boden ausgeführt. Ursprünglich als Wettkampf zwischen rivalisierenden Jugendgangs ausgetragen.

Djing
Element des HipHop. DJ ("Disc Jockey") ursprünglich Plattenaufleger in Diskotheken.

Graffiti
In den Medien und von der Allgemeinheit verwendeter Ausdruck für →Writing

HipHop
Jugendkultur, in den 70er Jahren in der South Bronx entstanden. Elemente: Rap, →Writing, →Break Dance, →DJing

---

1 Juliane Lensch

Loop
ein aus einer bestehenden Aufnahme herausgesampeltes zwei- oder viertaktiges →Pattern, das zu einer Endlosschleife zusammengefügt ist (Wicke/Ziegenrücker 2004, 1611)

MC
("Master of Ceremony"). Akteur auf der Bühne, der die Aufgabe hat, das Publikum zu unterhalten. MCing war der ursprüngliche Begriff für das Rappen. Viele Rapper verwenden das Kürzel MC als Präfix vor ihrem Namen. (Krekow u.a. 1999: 208)

Pattern
Ein- oder zweitaktige rhythmische, melodische oder harmonische Figuren, die mehrfach wiederholt werden und oft den gesamten Titel beibehalten bleiben (Wicke/Ziegenrücker 2004: 2030).

Sampling
Umwandlung eines analogen Signals in digitale Werte. In Bezug auf die elektronische Klangsynthese die digitale Speicherung von natürlichen oder künstlichen Klangstrukturen in einem Computer bzw. Sampler , so dass dieses Material für die musikalische Nutzung und nachträgliche Bearbeitung zur Verfügung steht (Wicke/Ziegenrücker 2004, 2427).

Scratching
Anhalten und rhythmisches Hin- und Herbewegen einer laufenden Schallplatte, so dass aus der Musik heraus ein rhythmisiertes Geräusch entsteht. (Wicke/Ziegenrücker 2004, 2504).

Writing
Zunächst Verbreitung des eigenen Namens mit Stift und Sprühdose in der Öffentlichkeit. Wurde bald kunstvoll ausgestaltet und entwickelte sich zu einer eigenen Kunst. Zumeist illegal.

Literatur

KREKOW, S., STEINER, J. & TAUPITZ, M. (1999): HipHop-Lexikon. Rap, Breakdance, Writing & Co: Das Kompendium der HipHop-Szene, Berlin: Lexikon Imprint Verlag.

WICKE, P., ZIEGENRÜCKER, K.-E. & WIELAND (2004): Lexikon der populären Musik, Berlin: Digitale Bibliothek/Schott.

Zur musikalischen Charakteristik eines Rap[1]

Ein Rap ist ein skandierender Sprechgesang über einem Beat. Das Wort „Beat" hat in diesem Zusammenhang zwei Bedeutungen. Zum einen beschreibt es – wie sonst auch in der Popularmusik – den metrischen Puls des Musikstückes. In der Regel handelt es sich um einen „four beat", der durch vier gleichmäßige Schläge charakterisiert ist. Die Rhythmusgruppe des Rap besteht gewöhnlich aus *bass drum* und *snare drum*, manchmal ergänzt durch ein *HiHat*, ein Paar hoher Becken. Die Funktion des *bass drum* wird gelegentlich von einem E-Bass übernommen.

Speziell beim Rap bezeichnet der *beat* darüber hinaus den gesamten instrumentalen Teil eines Stückes. Eine Möglichkeit besteht hierbei in der elektronischen Erzeugung des Instrumentalklangs, der Melodien und Akkorde, mit einem Synthesizer. Dabei kann jede Klangfarbe hergestellt werden. Der Klang wird meist weiter elektronisch bearbeitet und kann mit Hilfe etlicher Effekte modifiziert werden. (z.B. durch Verzerrung oder Hall-Effekte). Eine andere Möglichkeit der Herstellung eines beat besteht im *Sampling* aus vorliegenden Tonaufnahmen mit Hardware- oder auch Software-Samplern. Dies geschieht häufig auch live durch den DJ. Es können durchaus auch beide Verfahren gleichzeitig angewandt und/oder einzelne Instrumente noch nachträglich eingespielt werden.

Eine weitere Aufgabe des DJ ist das *Scratching*, das Anhalten oder rhythmische Bewegen einer laufenden Schallplatte, so dass aus der Musik heraus ein rhythmisches Geräusch entsteht. Der Höreindruck dieses Effekts kann heute durch digitale Medien hergestellt werden. Dabei können gegebenenfalls zusätzliche Tonspuren zu ausgewählten Zeitpunkten eingespielt werden. Weitere Bestandteile des *beat* sind Geräusche oder Radiostimmen.

Der zeitliche Ablauf des beat im Rap ist gewöhnlich charakterisiert durch die Verwendung von musikalischen Loops. Diese sind ein-, zwei- oder mehrtaktige melodische, harmonische oder rhythmische Figuren, die in der Regel während des gesamten Titels hindurch wiederholt werden.

---

[1] Juliane Lensch

Der formale Aufbau eines Raps entspricht in der Regel einer Liedform: Es gibt Strophen und einen Refrain. Während die Strophen durch den raptypischen skandierenden Sprechgesang charakterisiert sind, können im Refrain auch gesungene oder andere melodische Partien auftauchen. Vor dem Stück kann es ein Intro geben. Dort findet man Teile des Refrains genauso wie Geräusche oder unskandiert gesprochene Textteile, die im weiteren Verlauf des Rap nicht mehr zu hören sind. Seltener steht am Schluss des Liedes noch ein meist kurzes Outro. Ein raptypisches Stilmittel zur musikalischen Hervorhebung einer Textpassage ist der *break*. Dabei werden im Verlauf des Rap für einen kurzen Zeitabschnitt die Loops ganz oder teilweise und/oder das Schlagzeug ausgesetzt. Ein break dient der Hervorhebung einer inhaltlich oder emotional bedeutsamen Textpassage. Ein weiteres Mittel zur Hervorhebung von Textpassagen ist das Doppeln von Vokalspuren. Dies wird in der Regel vor allem bei den Reimen eingesetzt.

Das Verhältnis zwischen Musik und Text ist bei dem geschilderten formalen Ablauf aus Loops naturgemäß schwer zu bestimmen. Ein Vergleich zwischen der Aussage des Textes und der Aussage der Musik ist lediglich in Bezug auf den Rap als Ganzes zu ziehen, nicht bezogen auf einzelne Passagen. Aber auch hier ist es schwer, die Kriterien der Auswahl der Loops zu bestimmen. Man müsste die Musiker selbst befragen, kann aber nicht immer davon ausgehen, dass die Musik bewusst ausgewählt wurde.

Die Fragen zur Musik, die sich hierauf beziehen, können also immer nur als offene Fragen verstanden werden, die keine eindeutige Antwort besitzen. Sie sollen verstanden werden als Gedankenanstoß, als Anlass zur Interpretation des Rap.

Zur Sprache der Raps: Ein Hauch von Lernen „in vivo“[1]

Natürlicherweise wird eine Sprache „in vivo“ gelernt (vgl. Prinz 2005: 160). Das Erlernen der Muttersprache, der Zweitsprache bei zweisprachig aufwachsenden Kindern von Migranten oder von Menschen in hybriden Kulturen wie beispielsweise denen mancher afrikanischer Länder erfolgt in einer natürlichen Sprechsituation, in der ein Sprecher eine Nachricht aussendet, ein Hörer versucht, den Inhalt zu verstehen und darauf zu antworten, indem er seinerseits eine Botschaft an den ersten Sprecher aussendet. Wichtig hierbei ist allein der Inhalt der Nachricht, und die Tatsache, dass sie verstanden wird. Fehler spielen keine Rolle, sofern sie nicht zu Missverständnissen führen. Auch das Lernen einer Fremdsprache bei einem Auslandsaufenthalt kann diesen Charakter des Lernens „in vivo“ tragen. Das systematisch in Elemente wie Wortschatz und Grammatik zerlegte, nach linearen Curricula ablaufende Lernen in Bildungsinstitutionen wird aufgrund der Nachahmung eines üblicherweise natürlich ablaufenden Vorgangs als Lernen „in vitro“ bezeichnet. Das Fremdsprachenlernen in der Schule hat wegen des Fehlens einer natürlichen Sprechsituation notwendigerweise den Charakter des Lernens „in vitro“.[2]

Die Arbeit mit Raps kann einen Hauch der authentischen Sprechsituation in den Unterricht einbringen. Dabei treten einige vermeintliche Nachteile auf. Die Sprache der Raps ist nicht nur kein gehobenes Französisch, sondern häufig sogar fehlerhaft. Es treten Mischprodukte mit anderen Sprachen auf („lové“), Wortneuschöpfungen vor allem mit der Technik des „verlan“, des Vertauschens von Silben („teursinspects“ für „inspecteurs“).

Allerdings können sowohl diese Neuschöpfungen als auch die Fehler wiederum Anlass geben zu einem kreativen Umgang mit der Materie – und der Nachteil des unkorrekten Französisch gilt für jede lebendige Sprechsituation, wie

---

1 Juliane Lensch

2 Es sei hier nur darauf hingewiesen, dass das reine „in vivo“-Lernen als mögliche Folge der Unfähigkeit des Lesens und Schreibens und damit die Unmöglichkeit jeglichen sozialen Aufstiegs in sich birgt. Die Diskussion dieses Problems würde jedoch den Rahmen dieses Artikels sprengen.

man sie bei einem Auslandsaufenthalt vorfindet. Französische Schüler sprechen untereinander ihre Sprache genau so wenig korrekt wie deutsche.

Die Vokabellisten sollen den Zweck erfüllen, eine lebendige Sprechsituation zu erleichtern. Die Ausdrücke sind nur selten ins Deutsche übersetzt, wenn eine adäquate fremdsprachliche Erklärung unmöglich ist, die Auswahl und die Art der Erklärung dient dazu, das Wesentliche der in den Raps liegenden Botschaft verstehbar zu machen. Das Ziel kann nicht sein, die Schüler in die Lage zu versetzen, den Text übersetzen zu können. Abgesehen davon, dass die adäquate Übersetzung eines Raps ohnehin sehr schwierig ist, widerspräche dieser Anspruch wiederum der Situation einer lebendigen Sprechsituation.

Sensibilisierungsdossier zu Autorenrechten / Copyright[1]

Jeder Mensch, der eine besondere Leistung erbringt oder etwas Außergewöhnliches produziert, möchte gerne für seine Mühen und seine Kreativität gewürdigt werden. Dies gilt für einen Zeitungsartikel, den man schreibt, ein Spielzeug, das man erfindet oder eben einen Musiktitel, den man produziert. Zum Schutze dieser erbrachten Leistungen bzw. geistigem Eigentum existieren fast überall auf der Welt Gesetze, die dem Urheber zusichern, dass er für die Veröffentlichung, Verbreitung und Vervielfältigung seiner Werke verantwortlich ist. Im romanischen Sprachraum wichtige Urheberrechtsgesetze sind z.B. in Frankreich der *Code de la propriété intellectuelle (CPI),* in Brasilien das *Lei de Direitos Autorais (LDA)* oder in Spanien das *Ley de la Propiedad Intelectual (LPI).* In Deutschland regelt dies das *Urheberrechtsgesetz.* Alle genannten Gesetze sichern dem Urheber musikalischer Werke für eine festgelegte Dauer umfangreiche Rechte zu, weshalb Veröffentlichungen und Vervielfältigungen jeglicher Form grundsätzlich einer Zustimmung des Urhebers bedürfen[2]. Der Zeitraum dieses Schutzes beträgt in den genannten Ländern in der Regel bis 70 Jahre nach Tod des Urhebers.

Jeder Künstler hat also einen Anspruch darauf, dass er für die Nutzung seines Produkts entlohnt wird. Während der Schutz von Copyrights beim Einkauf in einem Geschäft gewährleistet ist, ist dies bzgl. des Internetgebrauchs oft deutlich anders. Oft ist es heute sehr schwierig geworden, immer zu wissen, welche Produkte urheberrechtlich geschützt sind und welche Inhalte einzelne Künstler der Öffentlichkeit kostenlos zur Verfügung stellen.

---

1 Harald Nolte

2 vgl. Art. 121f CPI; Art. 4 LPI; Art. 5 LDA; §12 UrhG

Besonders im Bereich von Musik und Film ist es sehr gefährlich, Dateien einfach irgendwo herunterzuladen oder CDs von Bekannten zu brennen, denn in der Regel sind diese immer urheberrechtlich geschützt. Man schadet damit außerdem nicht nur dem jeweiligen Künstler, sondern macht sich sogar mitunter strafbar. Gerade das Internet ist ein Medium, bei dessen unüberlegtem Gebrauch man sich schnell strafbar macht.

Während in Deutschland der Urheberschutz sehr ernst genommen wird, viele Prozesse deshalb entstehen und auch viele Menschen für Fehlverhalten bestraft werden, so ist der Umgang mit diesem Thema in anderen Ländern oft durchaus liberaler. Beispielsweise ist der Markt für Raubkopien in Ländern wie Brasilien oder Angola riesig, da echte CDs für die meisten Menschen unbezahlbar wären. Oft wird diese Art des Schwarzmarktes von wenig bekannten Künstlern sogar gern gesehen, da sie dadurch schneller bekannt werden.

Natürlich sind auch Internetplattformen für die Verbreitung von unbekannten Künstlern von großem Vorteil. Deren Werke verbreiten sich über Videoplattformen oder soziale Netzwerke rasend schnell und finden ein viel größeres Publikum, als dies sonst mit CDs, Zeitungsartikeln oder sonstigem möglich wäre. Jedoch geht von diesen Plattformen auch eine große Gefahr aus, da dort regelmäßig Urheberrechte gebrochen werden. Viele Menschen laden dort urheberrechtlich geschützte Fotos, Texte o.ä. hoch oder verarbeiten diese in eigenen Werken, ohne zu wissen, dass dies illegal ist. Aber auch die Praxis des Plagiats, Texte aus dem Internet zu kopieren und sie als eigene Arbeit darzustellen, ist sehr beliebt, vor allem in der Schule. Dabei ist dies geistiger Diebstahl und damit strafbar. Gerade deshalb gilt es wichtig, sich mit diesen Fragen von geistigem Eigentum, Urheberrecht, Raubkopiererei oder Plagiaten zu beschäftigen! Aufgrund der oben beschriebenen Probleme ist das Beilegen einer CD mit den entsprechenden Songs zu problematisch. Zudem haben viele Rap-Künstler (noch) keine CDs veröffentlicht, sondern nutzen die neuen Medien, um ihre Songs zu verbreiten. Deshalb arbeitet dieses Buch mit Verweisen auf bestimmte CDs, aber auch mit Internetlinks. Die Arbeit mit Internetlinks ist für den Unterrichtszweck sehr praktisch, da die jeweiligen Betreiber der Internetseiten die Lizenzen für die Wiedergabe von Audio- oder Videodateien oft bereits erworben haben und somit eine Wiedergabe im Unterricht unproblematisch ist. Ein Speichern dieser Dateien ist jedoch in der Regel nicht zulässig. Näheres regeln dazu die Allgemeinen Nutzungsbestimmungen (AGB) der Betreiber[3]. Das Internet bietet in dieser Hinsicht daher große Vorteile für den Unterrichtsgebrauch.

Sollten Sie darüber nachdenken, einzelne Songs per CD, DVD oder Kassette im Klassenverbund wiederzugeben, so ist dies zulässig, falls Sie vorher mit dem Urheber in Kontakt getreten sind und dessen Erlaubnis erhalten haben[4]. Für den Unterrichtsgebrauch entfällt die Vergütungspflicht gegenüber dem Künstler[5]. Ein normaler Unterrichtseinsatz von CDs etc. ist somit unter Berücksichtigung gewisser Regeln durchaus möglich, wenn auch mit einer etwas langfristigeren Planung verbunden.

Bei frei käuflichen Medien vertritt oft der Hersteller die Rechte des/der Künstler und ist daher ein geeigneter Ansprechpartner bei Urheberrechtsfragen. In Deutschland übernimmt die Gesellschaft für musikalische Aufführungs- und mechanische Vervielfältigungsrechte (GEMA) sehr häufig diese Aufgabe. Im Zweifel kann man sich also hier kundig machen und unter Umständen die notwendigen Berechtigungen erhalten. Die GEMA ist auch dafür zuständig, mit Videoplattformen und Musikbetreibern im Internet Verträge zu schließen, wodurch jeder Click auf ein Musikvideo oder einen Song dem entsprechenden Künstler Geld bringt. So kommt es auch, dass in Deutschland des Öfteren Vi-

---

[3] nach dem Stand vom 10.02.2012 gilt eben Beschriebenes u.a. für die Nutzung der Seiten von YouTube (vgl. YouTube: §11, §6.1 A-C AGB).

[4] vgl. §46, §52 UrhG

[5] vgl. §52 Abs. 1 Satz 3 UrhG

deos nicht abgespielt werden können, die Menschen aus anderen Ländern durchaus abspielen können, da die GEMA manches sperren lässt, weil die entsprechenden Betreiber der GEMA nicht genug Geld zahlen. Hier ein typisches Beispiel:

Aufgaben:

A. Wo findet ihr überall folgendes Zeichen: ©? Gibt es dieses Zeichen nur in Deutschland?

B. Sucht in Wörterbüchern oder im Internet nach den Übersetzungen in eure Fremdsprache für folgende Begriffe: *Urheberrecht, geistiges Eigentum, Raubkopie, Plagiat, Verurteilung*!

C. Recherchiert in 2er-Teams im Internet verschiedene Artikel oder andere Informationen in eurer Fremdsprache, die Copyrights allgemein oder Copyrightverletzungen in den jeweiligen Ländern thematisieren. Wählt dabei 2-3 Ihr könnt für die Suche als Hilfestellung die Stichwörter aus A. verwenden. Verschiedene Gruppen sollten dabei unterschiedliche Suchmaschinen (Google, Yahoo, Bing, MSN, etc.) nutzen!

D. Erstellt ein Plakat mit einem Regelkatalog, aus dem hervorgeht, was beim Internetgebrauch und dem Gebrauch von Musik/ Filmen erlaubt ist und was zu unterlassen ist! Stellt auch mögliche Konsequenzen dar!

E. Überlegt, wie das Internet das Urheberrecht verändert und stellt euch mögliche Lösungen vor, durch die Internetsurfen ohne Angst vor Urheberrechtsverletzungen möglich ist und trotzdem geistiges Eigentum geschützt werden kann!

Gesetzestexte im Internet:

- ***Code de la propriété intellectuelle:***

http://www.legifrance.gouv.fr/affichCode.do?cidTexte=LEGITEXT000006069414

- ***Lei de Direitos Autorais:***

http://www.planalto.gov.br/ccivil_03/leis/L9610.htm

- ***Ley de la Propiedad Intelectual:***

http://civil.udg.es/normacivil/estatal/reals/lpi.html

- ***Urheberrechtsgesetz:***

http://www.gesetze-im-internet.de/urhg/

fremdsprachliche Quellen für Urheberfragen:

- http://www.mcu.es/propiedadInt/docs/Guia_MusicaCineTelevision_Internet.pdf (spanische Broschüre verschiedenster Organisationen über den Gebrauch von Filmen, Musik und Internet und Urheberfragen)
- http://direitosautorais.tumblr.com/ (portugiesisches, erklärendes Essay über das Urheberrecht in Brasilien)
- http://www.commentcamarche.net/contents/droits/copyright-auteur.php3 (französisches Urheberrecht „*droit d'auteur*" zusammengefasst)

soziale Netzwerke und Urheberrecht:

- http://www.welt.de/finanzen/verbraucher/article13437093/Hochladen-kann-fuer-Facebook-Nutzer-teuer-werden.html (deutscher Text)
- http://web-2-geek.blogspot.com/2009/02/facebook-et-le-droit-d-auteur.html (französischer Text)
- http://kimica.blogspot.com/2009/02/facebook-se-apropia-del-derecho-de.html (spanischer Text)

Dossier para la sensibilización acerca de los derechos de autor / Copyright[1]

Cada persona que haya logrado algo especial o haya creado algo extraordinario recibe una recompensa digna. Eso vale tanto para un artículo en un periódico escrito, como para un juguete inventado o para una canción producida. Para proteger esa propiedad intelectual, existen leyes en casi todo el mundo, garantizando la autoría y los derechos de publicación, distribución y reproducción al creador. En los países de habla románica, las leyes más importantes al respecto son el *Code de la propriété intellectuelle (CPI)* en Francia, la *Lei de Direitos Autorais (LDA)* en Brasil y la *Ley de la Propiedad Intelectual (LPI)* en España. Para Alemania existe el *Urheberrechtsgesetz.* Todas las leyes aquí mencionadas le garantizan al autor derechos amplios a su obra musical para un periodo de tiempo determinado, por lo cual publicaciones y reproducciones de todo tipo tienen que ser aprobadas por el autor. Ese derecho suele expirar unos 70 años después de la muerte del autor en los países mencionados.

Por eso, cada artista tiene un derecho a ser pagado por el uso de su producto. Mientras que ese derecho se garantiza con la compra en tiendas oficiales, existen plataformas en Internet que no respetan esas leyes. En ocasiones resulta difícil distinguir entre productos con protección de los derechos de autor y aquellos que son gratuitos.

---

1 Harald Nolte / Rafael Cano García

Especialmente en el ámbito de la música y de las películas es muy peligroso bajar datos de cualquier página web, ya que muchas veces se trata de una violación de los derechos de autor. Eso no solo perjudica al artista, sino que también representa un delito penal. Es sobre todo por Internet que surgen peligros legales relacionados con el uso imprudente.

Mientras que en Alemania la protección de los derechos de autor es un asunto muy serio, lo cual se manifiesta en la cantidad de procesos jurídicos y condenas al respecto, en otros países el trato de ese tema es menos grave. En Brasil o Angola, por ejemplo, el mercado para copias piratas es enorme, ya que discos originales representan un lujo impagable para muchos habitantes de esos países. Incluso existen artistas menos famosos que apoyan ese tráfico ilegal, ya que éste les ayuda a muchos músicos a ampliar su popularidad.

Naturalmente, las plataformas en Internet también les sirven a muchos artistas poco conocidos. Las obras se extendien rapidísimamente en plataformas de vídeos o redes sociales y son accesibles para un público mucho más grande del que se alcanza mediante CDs, artículos en periódicos u otros medios. Sin embargo, tales plataformas representan un peligro grande, ya que muchas veces se violan los derechos de los autores. Mucha gente sube fotos, textos u otros medios que son protegidos por los derechos de autor sin saber que es algo ilegal. También el tema del plagio y la práctica corriente de copiar textos y representarlos como trabajo propio es un problema, sobre todo en los colegios. No obstante, esas prácticas representan un delito contra la propiedad intelectual y por lo tanto un acto punible. Es por esas razones que es importante tratar los temas de la propiedad intelectual, los derechos de autor, la piratería y el plagio.

A causa de los problemas explicados arriba, es problemático adjuntar un disco con las canciones correspondientes a esta publicación. Además, muchos artistas en el ámbito de rap aún no han publicado discos o solo utilizan los medios nuevos para divulgar sus canciones. Es por eso que en este libro se encontrarán referencias a discos o enlaces en Internet. El trabajo con enlaces en clase es muy práctico, ya que muchas páginas han adquirido las licencias para reproducir archivos de audio y de vídeo, legalizando el uso en las aulas. No obstante, queda prohibido bajar los datos de dichas plataformas por regla general. Las condiciones generales de contratos de las plataformas correspondientes fijan los detalles al respecto.

Si considera reproducir canciones individuales mediante CD, DVD o MC en clase, puede hacerlo siempre y cuando haya contactado el autor y haya recibido el permiso. Para el uso en clase, no es necesario pagar al artista. Por lo tanto, un empleo normal de CDs etc. en clase es posible si se respetan algunas reglas y se planea de antemano.

Para medios comprables libremente, suele ser el productor el que representa al autor, así que también es el contacto adecuado para aclarar las preguntas acerca de la autoría. En Alemania, es la *Gesellschaft für musikalische Aufführungs- und mechanische Vervielfältigungsrechte (GEMA)* la que suele encargarse de esa tarea. En caso de duda, puede contactar esa institución para obtener el permiso necesario. Es también la GEMA la que es responsable de firmar contratos con las plataformas en Internet, garantizando que cada clic en una canción o un vídeo significa dinero para los autores. Por eso, muchos vídeos no son reproducidos en Alemania pero en otros países sí, ya que la GEMA bloquea algunos contenidos si las plataformas no han firmado los contratos correspondientes. He aquí un ejemplo típico:

Tareas:

A. ¿Dónde se encuentra este signo©? ¿Existe solo en Alemania?
B. Buscad traducciones en diccionarios o en internet para las siguientes palabras en el idioma que estudiáis: *Urheberrecht, geistiges Eigentum, Raubkopie, Plagiat, Verurteilung*
C. Buscad artículos u otras informaciones que se refieran a los derechos de autor o violación de estos derechos. Trabajar en grupos de dos, utilizar el Internet y buscad solo informaciones en el idioma que estudiáis. Elegid dos o tres artículos. Utilizar varios buscadores (Google, Yahoo, Bing, MSN, etc.)
D. Diseñar un póster con un catálogo de reglas que explique lo que hay que considerar si se utilizan música y películas en Internet. Presentar también las posibles consecuencias en caso de violación de esas reglas.
E. ¿Cómo cambia el Internet la situación de los derechos de autor? ¿Cómo es posible navegar por Internet sin temer la violación de los derechos de autor? Imaginar posibles soluciones.

Textos legales en Internet:

- ***Code de la propriété intellectuelle:*** http://www.legifrance.gouv.fr/affichCode.do?cidTexte=LEGITEXT000006069414
- ***Lei de Direitos Autorais:*** http://www.planalto.gov.br/ccivil_03/leis/L9610.htm

- ***Ley de la Propiedad Intelectual:***
  http://civil.udg.es/normacivil/estatal/reals/lpi.html
- ***Urheberrechtsgesetz:***
  http://www.gesetze-im-internet.de/urhg/

Otros textos sobre el tema de los derechos de autor:

- http://www.mcu.es/propiedadInt/docs/Guia_MusicaCineTelevision_Internet.pdf (texto informativo acerca del uso de películas, música e Internet como también cuestiones de autoría)
- http://direitosautorais.tumblr.com/ (ensayo portugués acerca de los derechos de autor en Brasil)
- http://www.commentcamarche.net/contents/droits/copyright-auteur.php3 (resumen de la ley de autoría francesa „*droit d'auteur*")

Redes sociales y derechos de autor:

- http://www.welt.de/finanzen/verbraucher/article13437093/Hochladen-kann-fuer-Facebook-Nutzer-teuer-werden.html (alemán)
- http://web-2-geek.blogspot.com/2009/02/facebook-et-le-droit-d-auteur.html (francés)
- http://kimica.blogspot.com/2009/02/facebook-se-apropia-del-derecho-de.html (español)

ATE · EFAS · MORITZ · NECK · SCIEN
DAIM
WWW.CNSKILLZ.COM/SEAK

Dossier de sensibilisation aux droit(s) d'auteur[1]

Toute personne souhaite la reconnaissance du fruit de son travail et de sa créativité, qu'il s'agisse d'un article de journal, d'un jouet que l'on a inventé ou d'un morceau de musique que l'on produit. Pour protéger ces créations ou la propriété intellectuelle, il existe presque partout dans le monde des lois pour garantir aux auteurs la haute main sur la publication, la diffusion et la reproduction de leurs oeuvres. Dans les pays de langues romanes, il s'agit par exemple du Code *de la propriété intellectuelle (CPI), au Brésil de la Lei de Direitos Autorais (LDA)* ou encore en Espagne de la *Ley de la Propiedad Intelectual (LPI).* En Allemagne, ces droits sont réglementés par le *Urheberrechtsgesetz.* Toutes ces lois assurent à l'auteur d'une œuvre musicale des droits pour une durée donnée, raison pour laquelle toute publication et reproduction de cette œuvre ne peuvent se faire sans l'accord de l'auteur[2]. Dans les pays mentionnés, cette protection reste généralement acquise jusqu'à soixante-dix ans après le décès de l'auteur.

Chaque artiste à donc un droit à être rétribué pour l'usage de son œuvre/produit. Mais alors que dans le cas d'un achat dans le commerce, le droit d'auteur est respecté, sur Internet, il en va souvent autrement. Il est aujourd'hui souvent devenu très difficile de savoir ce qui est protégé par le droit d'auteur et ce qui est gratuitement mis à la disposition de tous par l'artiste.

1 Traduction: Christophe Schaumburg

2 Voir Art. 121f CPI; Art. 4 LPI; Art. 5 LDA; §12 UrhG

En particulier dans le domaine de la musique et du cinéma, il est très risqué de télécharger des fichiers à partir du premier site venu ou de graver des CD appartenant à des amis, car ils sont généralement protégés par le droit d'auteur.

On ne nuit alors pas seulement à l'artiste concerné, mais on se rend éventuellement coupable d'une infraction. Internet est un média dont l'utilisation irréfléchie peut rapidement mener à l'illégalité et ainsi entraîner des poursuites judiciaires.

Tandis qu'en Allemagne on prend très au sérieux le droit d'auteur, ce qui résulte en de nombreux procès et sanctions pénales, dans d'autres pays, ce thème est souvent traité de manière plus libérale. Dans des pays comme le Brésil ou l'Angola par exemple, le marché des copies pirates est gigantesque, vu que les CD authentiques y sont trop chers pour la majorité de la population. Fréquemment, cette forme de marché noir est même vue d'un bon œil par des artistes peu connus, puisque cela contribue à augmenter leur notoriété plus rapidement.

Certes, les plateformes sur Internet sont également très avantageuses pour les artistes inconnus. Par l'intermédiaire des plateformes de vidéodiffusion ou des réseaux sociaux, leurs œuvres connaissent une diffusion éclair et bien plus importante que ce ne serait le cas avec des CD, des articles de journaux ou d'autres canaux. Cependant, ces plateformes représentent aussi une menace, puisqu'on y bafoue régulièrement les droits d'auteurs. De nombreux utilisateurs y téléchargent des photos, des textes ou autres types d'œuvres protégées ou les intègrent à leurs propres travaux sans savoir que c'est illégal. Une autre pratique très populaire, surtout dans le milieu scolaire, est le plagiat, qui consiste à copier des textes sur Internet et à les présenter comme étant un travail personnel. Et pourtant, il s'agit là de vol de propriété intellectuelle, puni par la loi. C'est justement pour cette raison qu'il est important de s'intéresser à ces questions de propriété intellectuelle, de droits d'auteur, de copie illégale et de plagiat!

Du fait des problèmes évoqués ci-dessus, joindre un CD avec les chansons traitées aurait soulevé trop de difficultés. De plus, nombre de rappeurs n'ont pas (encore) sorti de CD, mais utilisent les nouveaux médias pour diffuser leurs chansons. C'est pourquoi le présent ouvrage ne contient que des renvois à des CD, ainsi que des liens Internet. Le recours aux liens Internet est très pratique en cours, étant donné que les opérateurs des sites concernés ont le plus souvent déjà acquis les droits de licence pour la diffusion des contenus audio et vidéo, ce qui permet leur audition/visionnage en cours sans réserves d'ordre juridique. Toutefois, la sauvegarde de ces fichiers n'est généralement pas autorisée. Les conditions d'emploi précises sont stipulées dans les conditions générales d'utilisation.

De ce point de vue, l'usage d'Internet en cours offre donc bien des avantages.

Si vous envisagez de faire écouter en classe des chansons enregistrées sur CD, DVD ou cassette, c'est autorisé à condition d'avoir au préalable contacté l'auteur et obtenu son accord. La diffusion à fins pédagogiques est exonérée de l'obligation de rétribuer l'artiste. Ainsi, en observant les règles, l'utilisation de certains médias en cours est tout à fait possible, même si elle exige d'être planifiée assez longtemps à l'avance.

Dans le cas de médias en vente libre, c'est souvent le fabricant qui représente les intérêts de l'artiste et qui peut ainsi servir d'interlocuteur pour les questions de droit d'auteur. En Allemagne c'est fréquemment la GEMA (Gesellschaft für musikalische Aufführungs- und mechanische Vervielfältigungsrechte) qui assure cette fonction. En cas de doute, on peut donc s'adresser à elle et éventuellement obtenir les autorisations nécessaires. La GEMA est également compétente pour les contrats avec les plateformes vidéo et les sites de vente de musique sur Internet: grâce à ces contrats chaque clic sur un vidéoclip musical ou sur une chanson rapporte de l'argent à l'artiste concerné. Cela explique pourquoi il arrive fréquemment qu'en Allemagne on ne puisse pas visionner des vidéos accessibles aux habitants d'autres pays, car la GEMA fait bloquer les contenus proposés par les sites qui ne paient pas les sommes prévues. Voici un exemple typique:

Exercices:

A. Où pouvez-vous trouver le symbole ©? Est-ce qu'il existe seulement en Allemagne?

B. Dans des dictionnaires ou sur Internet, cherchez la traduction dans votre langue des mots suivants: Urheberrecht, geistiges Eigentum, Raubkopie, Plagiat, Verurteilung!

C. Par groupes de deux, cherchez sur Internet des articles ou des informations dans votre langue sur le thème du droit d'auteur en général ou sur le non-respect du droit d'auteur dans les différents pays. Choisissez-en 2 ou 3. Pour vous aider dans votre recherche, vous pouvez utiliser les mots de la question B. Chaque groupe devrait utiliser un moteur de recherche différent (Google, Yahoo, Bing, MSN, etc.)!

D. Réalisez une affiche avec le catalogue des règles disant ce qui est autorisé et de ce qui est interdit quand on utilise de la musique et des films sur Internet! Indiquez aussi les conséquences si on ne respecte pas ces règles!

E. Réfléchissez aux changements provoqués par Internet pour le droit d'auteur et imaginez des solutions possibles pour pouvoir naviguer sur Internet sans crainte, tout en protégeant la propriété intellectuelle!

Textes de lois consultables sur Internet:

- ***Code de la propriété intellectuelle:***

http://www.legifrance.gouv.fr/affichCode.do?cidTexte=LEGITEXT000006069414

- ***Lei de Direitos Autorais:***

http://www.planalto.gov.br/ccivil_03/leis/L9610.htm

- ***Ley de la Propiedad Intelectual:***

http://civil.udg.es/normacivil/estatal/reals/lpi.html

- ***Urheberrechtsgesetz:***

http://www.gesetze-im-internet.de/urhg/

Sources étrangères concernant le droit d'auteur:

- http://www.mcu.es/propiedadInt/docs/Guia_MusicaCineTelevision_Internet.pdf (spanische Broschüre verschiedenster Organisationen über den Gebrauch von Filmen, Musik und Internet und Urheberfragen)
- http://direitosautorais.tumblr.com/ (portugiesisches, erklärendes Essay über das Urheberrecht in Brasilien)
- http://www.commentcamarche.net/contents/droits/copyright-auteur.php3 (französisches Urheberrecht „*droit d'auteur*" zusammengefasst)

Les réseaux sociaux et le droit d'auteur:

- http://www.welt.de/finanzen/verbraucher/article13437093/Hochladen-kann-fuer-Facebook-Nutzer-teuer-werden.html (deutscher Text)
- http://web-2-geek.blogspot.com/2009/02/facebook-et-le-droit-d-auteur.html (französischer Text)
- http://kimica.blogspot.com/2009/02/facebook-se-apropia-del-derecho-de.html (spanischer Text)

Dossiers: Spanisch

(Redaktion: Rafael Cano García)

Crooked Stilo - Acepto mi derrota[1]

1. La canción

El álbum: *Puro Escandalo*
La fecha de edición: 11/05/2004
Compañía discográfica: *Fonovisa*
Género: Rap

Comprensión auditiva y del vocabulario

1. Escucha la canción y toma nota de lo que entiendes del texto. ¿Tienes problemas con el vocabulario?
2. Busca en un diccionario la palabra «trago» y elige la mejor traducción para esta canción.
. Describe los instrumentos y el carácter de la música (lírico / agradable y fácil de escuchar o desagradable y difícil de escuchar / variado o monótono).

[1] Alina Gleichner / Carmen Mittelstädt

2. Letra[2]

[El Lunátiko]:
Aquí me encuentro,
Yo solo en mi casa,
Desorientado[1],
No sé lo que me pasa,
Ella se fue y no he sido el mismo,
No hubo razón[2],
No sé por qué lo hizo,
Usualmente[3] esto no me importa,
Me olvido de una saliendo con otra,
Pero con ella es un poco diferente,
Tengo su rostro[4] constante en mi mente[5],
No me la puedo quitar de la cabeza,
Tengo su foto y una copa[6] en la mesa,
La pura neta[7], soy un desastre[8],
He sufrido desde que marchaste,
Aparento[9] ser bien macho[10],
Pero esto se siente gacho[11],
Pasan los días,
Parecen meses,
No me hagas esto,
Quiero que regreses…

[1] desorientado: sin orientación, confundido
[2] razón: explicación, causa, motivo
[3] usualmente: normalmente
[4] rostro: cara; [5] mente: cabeza, pensamiento
[6] copa: vaso
[7] neta: verdad; [8] desastre: persona desordenada o desorientada
[9] aparentar: pretender, parecer; [10] macho: hombre, valiente
[11] gacho: flojo, débil

La huella[12] de tu canto[13] echó raíces[14],
Melina…
Y vuelven a reír tus ojos grises,
Melina…

[12] huella: señal, marca, recuerdo; [13] canto: voz que canta;
[14] echar raíces: establecerse y persistir en un lugar

[El Duque]:
Yo vivía en una fantasía,
Y pensaba que siempre iba a ser mía,
Mírame ahora me encuentro solo,
Desesperado[15], ya no está a mi lado,
Mucho he sufrido por su ausencia[16],
Sin paciencia[17],
Es una sentencia[18],

[15] desesperado: sin esperanzas o perspectivas
[16] ausencia: tiempo durante el que una persona no está
[17] paciencia: capacidad de esperar
[18] sentencia: sanción, condena

---

2 **Wichtige Hinweise**: Alle abgedruckten RAP-Texte sind für Sie auf der dieses Buch begleitenden Website (**www.rapromania.de**) zum Download als Kopiervorlage auf A4 bereitgestellt. Die in kleinerer Schriftgröße hier und im Folgenden abgedruckten Texte dienen nur einer ersten Übersicht. Zunächst sollen die Lyrics der RAPs hörend erschlossen werden, bevor eine tiefergehende Auseinandersetzung mit den Texten erfolgt. Die klein gedruckte Version soll also nicht entmutigen oder als „Sehtest" missverstanden werden, sondern allenfalls als sekundäre Hörhilfe dienen, die verdeutlichen soll, dass das Hör- und nicht das Leseverständnis im Vordergrund steht. Weiter sollen die Schüler und Schülerinnen sich selbst auf die Suche nach einer der im Internet befindlichen Fassungen der jeweiligen Rapvertonungen begeben. Viel Erfolg!

Cada minuto,
Cada segundo,
El dolor se siente más profundo[19],
Yo la extraño[20],
y me hace daño[21],
No la voy a olvidar aunque pasen los años,
Dime por qué ella se marchó,
Quizás fue porque su amor marchitó[22],
¿Y cómo lo hago? Sigo enamorado
De esa mujer y yo sin poder expresarme,
Y que escuche mis palabras,
Pero ella no me acepta a mí mis llamadas.

La huella de tu canto echó raíces,
Melina...
Y vuelven a reír tus ojos grises,
Melina...

[El Duque]:
Hoy mi vida no tiene sentido,
Sin ti a mi lado dime pa' qué[23] vivo,
Nunca sabes lo que tienes,
Y si no lo aprecias[24] al final tú lo pierdes,
Muchas fotos,
Muchos recuerdos,
En esta vida nada es eterno[25],
Pero extraño tu piel y tu aroma,
No quisiera verte con otra persona.

[El Lunátiko]:
Aquí te escribo una nota,
Y finalmente acepto mi derrota[26],
En una copa prepararme un trago[27],
Para calmar[28] un corazón maltratado[29],
Es difícil cada día continuar,
Sin tu amor ya ni quiero respirar,
Mucho he sufrido ni sé pa' qué vivo,
Con este trago de este mundo me despido.

La huella de tu canto echó raíces,
Melina...
Y vuelven a reír tus ojos grises,
Melina...

[19] profundo: hondo, intenso
[20] extrañar: echar de menos, sentir la falta de algo / alguien
[21] daño: dolor
[22] marchitar: secarse, hacerse viejo, perder vida (flores)
[23] pa' qué: para qué (col.)
[24] apreciar: valorar, estimar, respetar
[25] eterno: infinito, para siempre
[26] derrota: fracaso, caída
[27] trago: bebida
[28] calmar: tranquilizar; [29] maltratado: herido, dañado

El contenido

1. ¿Cuál es el tema central del texto?
2. ¿Cuáles son las palabras claves?
3. Haz una lista con los recursos literarios que encuentras (aliteraciones, comparaciones, etc.).
4. Haz una lista con palabras negativas y una con palabras positivas.
5. ¿Por qué dice el cantante que aparenta «ser bien macho»? ¿Qué signífica esta frase para tí?
6. Describe el estado de ánimo del cantante.
7. ¿Cómo quiere solucionar su problema?

Interpretación

1. Imagínate lo que pasó entre la chica y el chico.
2. Observa las frases «tengo su foto y una copa en la mesa» (l. 12) y «en una copa prepararme un trago» (l. 70). ¿Por qué habla el cantante dos veces de la «copa»?
3. En tú opinión, ¿cuál es su derrota?

3. Biografía del grupo y origen del nombre *Crooked Stilo* 🖰

Crooked Stilo es un dúo de hip-hop latino formado por los hermanos Víctor *El Lunátiko* y Johnny López y basado en la ciudad estadounidense de Los Ángeles. Hicieron sus primeros intentos musicales a nivel *underground* en el año 1993, publicando su primer disco y distribuyéndolo ellos mismos.
En 2004, Crooked Stilo publicó *Puro Escándalo*, su primer álbum comercial con *Fonovisa Records*, que le trajo un éxito internacional notable. A partir de entonces, fueron creciendo y desarrollando su estilo musical y colaboraron con Daddy Yankee y P. Diddy entre otros.
La palabra *crooked* significa picaresco o retorcido, características que son propias del estilo y los temas de la banda. El tema de la mujer representa el centro de su inspiración; otros temas tratados son la vida en los barrios de Los Ángeles y la confusión entre fantasía y realidad.

Discografía

Desde su fundación en 1991 han publicado 8 álbumes de rap:

- *So what u want* (1999)
- *Puro Escandalo* (2004)
- *Naturally Crooked* (2005)
- *Retrásalo* (2005)
- *West Side Greatest Hip-Hop* (2006)
- *Malhablados* (2007)
- *Cumbia Urbana: The Album* (2008)
- *Crooked For* (2008)

La ropa del grupo

En las portadas de sus discos, el grupo se presenta con camisetas *xxl* blancas y negras, pendientes y gafas de sol. En algunas portadas los raperos aparecen con gorras y con cadenas de cruz. En una foto llevan chaquetas negras y grises.

Nombres *El Lunático* y *El Duque*

Víctor = *El Lunático* o *Lunatiko* (el loco)

Johnny = *El Duque* (título de la nobleza inferior al príncipe)

Otras canciones

Crooked Stilo - Mi Tierra (nueva versión)

Imágenes / temas: la banda, guerra civil, el paisaje, la gente, El Salvador

El texto de la canción *Mi Tierra*

Tareas

1. Describe el vídeo de la canción *Mi Tierra* de Crooked Stilo. ¿Qué imagen se da del país El Salvador?

4. Informaciones adicionales (cultura, lengua, ética, etc.)

El Salvador y los Estados Unidos

La bandera y mapas de El Salvador 🖰

Enciclopedia

Brockhaus (1997). *Die Enzyklopädie in vierundzwanzig Bänden: 6. Band.* Leipzig, Mannheim: F.A. Brockhaus. p. 320.
→ el tiempo antes de la colonización: culturas Pipil, Pokoman y Lenca; guerra civil

Brockhaus (1998). *Brockhaus: 17. Band.* Leipzig, Mannheim: F.A. Brockhaus. p. 180.
→ cultura Pipil

La película *Voces Inocentes* 🖰

En la canción *Mi Tierra*, Crooked Stilo habla de su país de origen El Salvador y de las razones por las que emigraron a EEUU. La guerra civil en El Salvador y el tema de los niños soldados es un asunto muy importante en la identidad del grupo y del pueblo de El Salvador.

Director: Luis Mandoki
Duración: 120 min.
Género: drama
Restricción de edad: 16 años
Publicación: 06/04/2009

Los niños soldados en la guerra civil

Tareas (Informaciones adicionales)

Tareas (la historia)

1. En 1524 los españoles conquistaron El Salvador y destruyeron la cultura de los Pipiles y Lencas. ¿Piensas que los indígenas podrían haber tenido una oportunidad de ganar contra los españoles?
2. ¿Piensas que la actitud de los españoles es compatible con los derechos humanos?
3. Escucha el vídeo *Native American History of El Salvador* y toma nota de las informaciones que puedes entender.

Tareas (indígenas hoy)

1. Escucha el vídeo *Indígenas agradecen por las cosechas recibidas* y toma nota de las informaciones que puedes entender.
2. Describe la ceremonia.
3. ¿Cómo cambió la vida del pueblo de Fidel Flores? Compara la vida del pueblo del pasado con la vida de la actualidad.

Preguntas sobre la película *Voces Inocentes*

1. Describe la vida cotidiana durante la guerra civil.
2. Opina acerca de la decisión del padre de Chava de abandonar a su familia.
3. Imagínate la responsabilidad del niño Chava como cabeza de la familia. ¿Piensas que es capaz de soportarla?
4. Describe la manera de la que reclutan a los niños soldados. ¿Hay una oportunidad para los niños en ese pueblo de huir de la guerra y de los reclutas?

Preguntas sobre el texto *Las voces de los niños soldados*

2. ¿Quiénes eran los niños soldados?
3. ¿Qué hizo el Gobierno para manejar la situación?

Preguntas sobre la guerra civil (vídeos)

1. Describe la guerra civil. ¿De qué manera lucharon en la guerra? ¿Qué eran los objetivos del ataque?

5. Los temas

«su rostro [...]en mi mente» (ll. 12), «se siente gacho» (l. 18), «extraño» (ll. 40, 64)	= penas de amor
«solo» (ll. 3, 32), «su ausencia» (l. 34)	= soledad
«fantasía» (l. 30), «siempre [...] mía» (l. 31)	= sueños
«desastre» (l. 15), «desesperado» (l. 33), «sin paciencia» (l. 35), «sin poder expresarme» (l. 46)	= desesperación
«he sufrido» (ll. 16, 34, 74), «quiero que regreses» (l. 22), «dolor» (l. 39), «daño» (l. 41), «maltratado» (l. 71)	= dolor
«foto» (ll. 14, 61), «la huella [...] raíces [...] vuelven a reír...» (ll. 24 ss.), «recuerdos» (l. 62)	= recuerdos
«no me importa» (l. 9), «bien macho» (l. 17)	= machismo
«vida no tiene sentido [...] pa´qué vivo» (ll. 57 s., 74), «un trago» (ll. 70, 75), «difícil [...] continuar [...] ni quiero respirar« (ll. 74 s.), «me despido» (l. 75)	= muerte
«sabes lo que tienes [...] no lo aprecias» (ll. 59 s.), «acepto mi derrota» (l. 69)	= arrepentimiento
«otra persona» (l. 65)	= celos

El entrecruzamiento de los temas

1) de la canción:

Amor – desesperación – machismo ofendido – vergüenza – cansado de vivir – drogas – alcohol – muerte

2) de la biografía del grupo:

Guerra – violencia – drogas – bandas – hurto – negocio – pobreza – coches – ejército – policia

6. Tareas adicionales

La música

1. Compara esta canción con la canción *Realismo* de La Etnia. ¿Qué impresión te produce esta música? ¿Cómo expresa cada rapero el texto a través de la música?
2. Compara esta canción con un rap de Alemania. Observa y describe posibles diferencias respecto al ritmo, la melodía y los instrumentos.
3. Compara la canción con la versión original de Camilo Sesto.

Trabajo creativo

1. Imagina que el cantante es tu mejor amigo. Escribe una carta dándole consejos.
2. ¿Conoces algún caso parecido?
3. Imagínate una estatua del cantante. ¿Qué actitud podría adoptar?
4. Imagínate que la chica Melina escucha esta canción e invéntate un rap que da una respuesta.

Temas para discusiones en el curso

1. Suponemos que el cantante quiere suicidarse por las penas de amor. ¿Qué opinas de su manera de reaccionar?
2. Los hermanos López sufrieron una infancia llena de violencia, drogas y alcohol. ¿Pensáis que esta canción les sirve para digerir esta época de su vida?

Preguntas sobre El Salvador

1. Haz una lista o un mapa mental con informaciones acerca de El Salvador.
2. Busca el país en un mapa.
3. Busca más informaciones acerca de El Salvador por Internet.

Otros trabajos autónomos

1. Crear un póster con informaciones de El Salvador.
2. Entrar en contacto con organizaciones como el Grupo Latino Gießen e.V., Sí El Salvador y Freundeskreis El Salvador.

Grupo Latino Gießen e.V. 🖱
Sí El Salvador 🖱
Freundeskreis El Salvador 🖱

Mapas mentales (*Mindmaps*)

Mapa mental El Salvador (indígenas, política, guerra civil, pobreza...)
Mapa mental bandas de drogas (calle, violencia, negocios, probeza...)
Mapa mental guerra civil (niños soldados, violencia, muerte, víctimas civiles...)
Mapa mental hip-hop (ropa, canción hablada, sentimientos...)

Juan Habitual – Negocios son Negocios[1]

1. La canción

El álbum: *Los 7 Pecados Habituales*
La fecha de edición: 2007
Género: Rap colombiano

Comprensión auditiva y del vocabulario

1. Escucha la canción y toma nota de lo que entiendes del texto. ¿Tienes problemas con el vocabulario?
2. Describe los instrumentos y el carácter de la música (lírico / agradable y fácil de escuchar o desagradable y difícil de escuchar / variado o monótono).

[1] Virginia de Castro

2. Letra

Tocaron a mi puerta,
me asomé[1] y era un fulano[2].
«Esta es la dirección,
Supongo[3] que tú eres Juan Carlos.
Son asuntos de negocios
Socio[4], vine a proponerte un trato.»
Y aunque les parezca extraño ya estabamos negociando.
«¿Por qué tienes que pensarlo?
Hablo de una buena suma.
La paciencia[5] se me agota[6]
y no hay respuesta a mi pregunta.
Apura[7], por aquí tengo el contrato.
Fírmalo, no aceptes dudando.»
Le estreché su mano.
En ese instante me di cuenta
que hice pacto con el diablo.

No escupas pa' arriba que te cae en la cara.
Soy de negocios, de cuentas claras.
Si el diablo viene, ya lo esperaba.
En los negocios pierdes o ganas.
Negocios son negocios.

Después de aquella tarde,
de la noche a la mañana,
había mujeres, buena suerte
y el dinero me sobraba[8].
Andaba como rey,
con poder era la ley.
Todo lo que habia soñado,
hey, póngale cuidado.
Se me había olvidado
aquel papel firmado,
drogado y borracho,
¿qué me iba a acordar?
Con vida de rico es fácil olvidar.
Pero el diablo no olvida
y de repente[9] un día:
«Vengo a recordar tu parte.
Vengo a cobrarte[10], es hora de llevarte.»
«Espera, espera,
dame mas tiempo.
Tengo una oferta.»
«Ofrece, escucho,
que sea algo bueno, ya me debes mucho.»
«Haré que humanos firmen tu contrato,
uno por mes.» Y así quedamos...

No escupas pa' arriba que te cae en la cara.
Soy de negocios, de cuentas claras.
Si el diablo viene, ya lo esperaba.
En los negocios pierdes o ganas.

[1] asomarse: aquí: abrir la puerta; [2] fulano: persona no conocida

[3] suponer: pensar

[4] socio: compañero, alguien con el que se firma un contrato

[5] paciencia: capacidad de esperar; [6] agotarse: terminarse

[7] apurar: darse prisa

[8] sobrar: haber más de lo suficiente

[9] de repente: en seguida, sorprendentemente

[10] cobrar: pedir como precio por algo

Negocios son negocios.

Comprometida[11] así mi alma
ahora debería ser de sangre fría.
Lista la lista. «Vengo de parte del diablo,
buenos días.»

[11] comprometido/-a: obligado a hacer algo, peligroso/arriesgado

La primera víctima
una legítima[12] necesitada.
Allí estaría yo para beneficiarla[13]
«¿En qué puedo ayudarla?
Sí, con mucho gusto.
Claro es el contrato,
aquí puedes firmarlo.

[12] legítimo: verdadero, legal

[13] beneficiar: hacer algo bien para alguien

El segundo reclutado[14]
un vago[15] perseguido por robo agravado[16].
«Claro que puedo aliviarte,
simplemente firma en esta parte.»

[14] reclutar: reunir personas (para el ejército)

[15] vago: que no quiere trabajar; [16] agravado: peor que lo normal

Y para el mes entrante
llegó un gigante traficante[17].
«Juan, tengo cuentas pendientes.
Necesito que me prestes clientes.
Impaciente, la Mafia no espera,
yo le firmo donde sea.»
Pero una bala[18] desde afuera no esperó a mi socio.
Tampoco el diablo me esperó.
Negocios son negocios.

[17] traficante: persona que vende y compra drogas

[18] bala: proyectil de una pistola

No escupas pa' arriba que te cae en la cara.
Soy de negocios, de cuentas claras.
Si el diablo viene, ya lo esperaba.
En los negocios pierdes o ganas.
Negocios son negocios.

El contenido

1. ¿Cuál es el tema central del texto?
2. ¿Cuáles son las palabras claves?
3. Haz una lista con los recursos literarios que encuentras (aliteraciones, comparaciones, etc.).
4. Haz una lista con palabras negativas y una con palabras positivas.
5. ¿Quién tocó a la puerta del protagonista y qué quiere?
6. ¿Cómo reaccionó el protagonista?
7. ¿Qué vida lleva el protagonista después del encuentro?

Interpretación

1. ¿Crees que fue un negocio productivo?
2. ¿Tú te puedes identificar con los problemas del rapero? ¿Por qué?
3. ¿Qué mensaje piensas que quiere transmitir la canción?
4. ¿Qué opinas del mensaje de la canción?

3. Biografía del grupo 🖰

Juan Habitual es un artista Colombiano que lleva 15 años en el mundo de la música. Su carrera comienza enel año 1996 influenciado por el hip-hop de países como Brasil, Guatemala, El Salvador, Chile, Venezuela, España, México o Argentina.

Artistas como MC Hammer y Vanilla Ice fueron los primeros músicos que inspiraron a Juan Habitual adentrándolo poco a poco en la música urbana. En 2001 publicó su primer trabajo discográfico con la agrupación *Conexión Frontal* junto a *JHT*. En 2002 realizaron una extensa gira por diferentes ciudades de Colombia. El siguiente disco *Basado en Hechos Reales* tuvo gran aceptación a nivel nacional. En Agosto de 2006 debuta como solista con *Los 7 Pecados Habituales*. Este disco ofrece una gran variedad de ritmos que se mueven entre el *gangsta*-rap y sonidos latinos.

Él mismo define su trabajo como un intento de buscar una identidad, mantener un color latino y distanciarse del estilo norteamericano. Los temas que trata son los problemas de la vida en la ciudad, historias que él bien conoce y ha vivido bien de cerca tras perder a sus padres a los 13 años de edad. Además lleva años vinculado a una asociación de ayuda a personas que están viviendo en una situación de pobreza y marginación social. Sus herramientas de trabajo son, como no podía ser de otra forma, la música, el *breakdance*, el grafiti, y el rap.

En el año 2009 participa con gran éxito en *Hip-Hop Al Parque*, el festival de rap más grande de Latinoamérica frente a 90.000 personas, al lado de grandes artistas como M.O.P., Havoc, Guerrilla Seca y Big Noyd.

En 2011 es escogido como jurado de este Festival, siendo uno de los tres jurados de una de las ediciones más importantes, *Los 15 años del Festival*, en los que estuvieron artistas como Vico C, Dilated Peoples, SFDK, Lords of de Underground y Lirical Roses.

Juan Habitual se caracteriza también por abrirse a nuevas experiencias artísticas, lo que lo ha llevado a trabajar con artistas como Dahyana Ríos *D.Plus* en una mezcla de rap, *latin soul*, disco y house.

Dada su carrera, ha sido premiado en varias ocasiones.

Tareas

1. Busca más información acerca de Juan Habitual. ¿Es fácil encontrar información?

4. Informaciones adicionales (cultura, lengua, ética, etc.)

Colombia

La República de Colombia es un país de América ubicado en la zona noroccidental de América del Sur. Limita al este con Venezuela y Brasil, al sur con Perú y Ecuador y al noroeste con Panamá; en cuanto a límites marítimos, colinda con Panamá, Costa Rica, Nicaragua, Honduras, Jamaica, Haití, República Dominicana y Venezuela en el mar Caribe, y con Panamá, Costa Rica y Ecuador en el océano Pacífico.

Su población ronda los 46 millones de habitantes. La lengua oficial es el castellano, pero también son oficiales las más de sesenta lenguas indígenas y dialectos de los grupos étnicos en sus territorios.

De acuerdo con la constitución vigente, Colombia es un Estado Social de Derecho organizado en forma de república unitaria con centralización política y descentralización administrativa, compuesta por 32 departamentos y un Distrito Capital (Bogotá).

Durante muchos años, el conflicto armado interno disuadió a los turistas de visitar a Colombia y en varios países hubo advertencias para las personas que viajaran al país. Sin embargo, el número de turistas ha crecido en los últimos años gracias a las mejoras de seguridad, como resultado de la estrategia de «seguridad democrática» que implicó el aumento considerable de las fuerzas militares y la presencia policial en todo el país. La presencia de turistas pasó de 0,5 millones en 2003 a 1,3 millones en 2007.

Los problemas más destacados en Colombia son el analfabetismo, el desempleo como también el narcotráfico y las bandas emergentes.

La tasa de analfabetismo en Colombia es del 7.6 por ciento, lo que la ubica dentro del grupo de países más desarrollados de América Latina. Sin embargo, la problemática en algunos departamentos hace que el país se encuentre muy por debajo de los países desarrollados.

Colombia tiene el índice más alto de desempleo de América Latina. El DANE, en su informe de Julio del 2002, manifiesta que el índice de desempleo en las siete ciudades principales fue del 15,6% .

La pobreza e indigencia entre niños y adolescentes colombianos es del 45% (pobres) y 17% (indigentes).

Una de las mayores dificultades que vive la sociedad es el narcotráfico, que lleva consigo problemas sociales y políticos. En este país se cultivan el cannabis, la coca y el opio, sustancias que se transforman en estupefacientes (marihuana, cocaína y heroína).

Colombia se mantiene como el mayor productor de hoja de coca y clorhidrato de cocaína, seguidos de Perú y Bolivia, de acuerdo con la oficina antidrogas de la ONU. Unas 180,000 familias colombianas viven del cultivo de hoja de coca, la materia prima de la cocaína.

Debido a varias razones inherentes a la realidad política, económica, social y cultural colombiana, estas redes han logrado influir en el aparato estatal de este país, hasta corromperlo profundamente.

El narcotráfico ha sido desde hace unos 40 años el motor principal de estos problemas. Sin embargo, el narcotráfico disminuyó su participación en la economía de Colombia en los últimos 10 años. Como contraparte, la violencia derivada del narcotráfico ha aumentado debido a la concentración del mercado y su disputa por parte de los delincuentes. En 1999 el tráfico de narcóticos tenía una participación del 0.8% en el Producto Interno Bruto (PIB) colombiano, lo cual se redujo a 0.3% una década después. Mientras el mercado de la cocaína se ha encogido, la distribución y el consumo se han sumado a otros países.

En cuanto a las bandas, algunas organizaciones no gubernamentales (ONGs) y la *Organización de Estados Americanos* (OEA) han descrito a las bandas emergentes como un híbrido entre mafias, y bandas de delincuencia común más relacionadas con el narcotráfico que con el paramilitarismo. Según el analista León Valencia de la *Corporación Nuevo Arco Iris*, las bandas emergentes «destruyen el orden social para poder florecer [...] y allí está su gran riesgo para la seguridad de los ciudadanos, porque atacan a las instituciones, a los líderes sociales, a los políticos honestos, a las familias unidas a los trabajadores organizados».

Tareas (informaciones adicionales)

1. Busca más información sobre Colombia y los problemas más importantes.

5. Los temas

Negocios

Legalidad

Moral

Religión

Dinero

Violencia

6. Tareas adicionales

La música

1. Compara esta canción con un rap de Alemania. Observa y describe posibles diferencias respecto al ritmo, la melodía y los instrumentos.

Trabajo creativo

1. Imagina que el cantante es tu mejor amigo. Escribe una carta dándole consejos.
2. ¿Conoces algún caso parecido?
3. Imagínate una estatua del cantante. ¿Qué actitud podría adoptar?

Temas para discusiones en el curso

1. ¿Crees que la letra de *Negocios son Negocios* podría estar basada en las propias experiencias del artista? Justifica tu respuesta.

Orishas - Emigrantes[1]

1. La canción

El álbum: *Emigrantes*
La fecha de edición: 03/03/2003
Compañía discográfica: *EMI Publishing Spain*
Género: Rap, hip-hop, latin rap

Comprensión auditiva y del vocabulario

1. Escucha la canción y toma nota de lo que entiendes del texto. ¿Tienes problemas con el vocabulario?
2. Describe los instrumentos y el carácter de la música (lírico / agradable y fácil de escuchar o desagradable y difícil de escuchar / variado o monótono).
3. ¿Qué adjetivos relacionas con el estilo musical de esta canción?
4. ¿Se trata de un rap «puro» o hay influencias de otros géneros musicales? ¿Cuáles son?
5. ¿Qué diferencias hay entre los estilos musicales de los tres cantantes?

[1] Rafael Cano García

2. Letra

Oye dice que...
Dicen que se fue pa Europa
Y cuando llegó jaah
Tremenda[1] desilusión[2]
Díselo tú Ruzzo, ponle

[1] tremendo/-a: muy grande; [2] desilusión: pérdida de esperanza, decepción

Eh yo he
Lo que te digo aquí es bien real
Fácil, solo se trata de vivir
Comprender, resistir[3]
Como Ave Fénix[4] en jaula[5] de oro
Revivir[6], yo, no ha sido fácil
Representar en un año
Las influencias y penurias[7] de este lado
Del continente colonizao
Explotao[8], marcao, no huella

[3] resistir: oponerse, sublevarse
[4] Ave Fénix: pájaro mítico que prende fuego, muere y vuelve a nacer de sus cenizas; [5] jaula: caja de madera o hierro para encerrar animales; [6] revivir: volver a nacer, resucitar
[7] penuria: escasez, falta de algo esencial
[8] explotado: maltratado, exprimido

Triste, loco el que ha dejado atrás
Su sol, su gente y su camisa
Sin pensar tan lejos cambia todo
Y la nostalgia[9] te hace trizas[10]
Triste, loco el que ha dejado atrás...

[9] nostalgia: tristeza melancólica causada por un recuerdo; [10] trizas: pedazos

Soy yo, quien recoge lo que tu no comes
Soy yo, quien dejado mis cojones
Construyo tu esperanza[11]
Puta balanza[12] no te pones nunca de mi lado
Tengo un hermano peruano
Otro chicano, un chileno, un colombiano
Un chino, un afroamericano
He construido con mis propias manos
Ciudades, pueblos, lugares
Me has colonizado
Y ahora discriminas tu mi raza

[11] esperanza: deseo, fe
[12] balanza: instrumento que sirve para pesar

Triste, loco el que ha dejado atrás
Su sol, su gente y su camisa...

Entiende, qué fue lo que pasó
Intenta, respuesta[13] en su reloj
Patrias[14] y más encima
Que un adiós, se fue sin ton ni son
A buscar un paraíso
Y encontró desilusión

[13] respuesta: contestación
[14] patria: país de nacimiento

Estoy cantando pa' mi gente
Esos que llaman emigrantes
Son personas comunes corrientes[15]
Oye mi gente
Por tener otro color
Otra forma de pensar
Dos culturas diferentes

[15] corrientes: comunes, normales

Yo no me puedo quedar

Estoy cantando pa' mi gente
Esos que llaman emigrantes
Son personas comunes corrientes
Oye mi gente
Se lo canto a mi madre buena
Míralo que lindo[16] suena

Estoy cantando pa' mi gente
Esos que llaman emigrantes
Son personas comunes corrientes
Oye mi gente

Pa' mi gente, pa mi gente...

[16] lindo: bonito

El contenido

1. ¿Cuál es el tema central del texto?
2. ¿Cuáles son las palabras claves?
3. Haz una lista con los recursos literarios que encuentras (aliteraciones, comparaciones, etc.).
4. Haz una lista con palabras negativas y una con palabras positivas.

Interpretación

1. Imagínate lo que pasó entre la chica y el chico.
2. ¿Cuál es el mensaje central de la canción?
3. ¿A quién se refieren los cantantes cuando dicen «Estoy cantando pa' mi gente» (l. 46)?
4. ¿En qué consiste la «tremenda desilusión» (l. 4) que encuentran los emigrantes en Europa?
5. ¿A qué se refiere la metáfora del Ave Fénix (l. 11)?
6. Crea un mapa mental (*mind map*) con los campos semánticos más importantes de la canción.

3. Biografía del grupo

Orishas[2] es un grupo de rap cubano que se fundó en 1999. Se compone del cantante Roldán González y los raperos Yotuel Romero y Hiram Riverí alias Ruzzo. La mezcla del género del rap con elementos de la música cubana tradicional, como, por ejemplo, la rumba o el son, es uno de los rasgos característicos del grupo. Esta fusión se manifiesta sobre todo en la interacción entre la voz muy «cubana» de Roldán y las influencias modernas de Yotuel y Ruzzo. Los textos tratan los problemas sociales en Cuba tanto como en el resto de América Latina.

La publicación de su primer disco *A lo cubano* en 1999 les aseguró la atención internacional y estableció *Orishas* como una instancia sólida del rap cubano. Su segundo álbum *Emigrante* de 2002 brilla por textos aún más

---

[2] La información sobre el grupo se basa en la web oficial de *Orishas*.

maduros y profundos. En 2004 *Orishas* es premiado con un *Latin Grammy Award* como mejor grupo de hip-hop. En los años siguientes obtienen más nominaciones en los *Grammy* y en los *Latin Grammy* y publican los discos *El Kilo* (2005), *Antidiótico* (2007) y *Cosita Buena* (2008). En el año 2010 los músicos deciden orientarse hacia sus proyectos individuales y se separan. Innumerables cooperaciones con artistas internacionales y de varios géneros, entre ellos el rapero norteamericano Pitbull, demuestra la gran influencia que siguen teniendo *Orishas* en el mundo del hip-hop latinoamericano.

Discografía

- *A Lo Cubano* (1999)
- *Emigrante* (2002)
- *El Kilo* (2005)
- *Antidiótico* (2007)
- *Cosita Buena* (2008)

Otras canciones

537 Cuba
A lo cubano
Qué pasa
Represent

Tareas

1. Busca información acerca del nombre del grupo. ¿Por qué el grupo se llama *Orishas*? ¿Qué significa el nombre del grupo? ¿Qué relación tiene el nombre con el origen del grupo?

4. Informaciones adicionales (cultura, lengua, ética, etc.)

Cuba 🖰

Películas 🖰

Cuba, sombras y luces (2006). Director Juan Antonio Sacaluga. RTVE.

La vida de los cubanos en Cuba.

Buena Vista Social Club (1999). Dir. Wim Wenders. Road Movies.

Cuba Feliz (2000). Dir. Karim Dridi. ADR. Productions.

Música Cubana (2004). Dir. German Kral. Victory Media Group.

Balseros (2002). Dir. Carles Bosch y Josep Maria Doménech. Bausan Films / Buenavida 7. Producciones / Televisió de Catalunya (TV3).

Más allá del malecón – Jenseits des Malecon (2008). Dir. Amelie von Marschalk.

Tareas (informaciones adicionales)

1. Partiendo desde los enlaces ofrecidos, busca más informaciones culturales relacionadas con la canción *Emigrantes* y el grupo *Orishas*.
2. Redacta una nueva biografía del grupo partiendo de los enlaces que encuentras arriba.
3. Mira los videoclips oficiales de *Orishas*. ¿Qué impresión dan los vídeos / las canciones? ¿Tienen algo que ver con los temas tratados en la canción *Emigrantes*?

5. Los temas

Realidad y sueños
Cuba
América Latina
Europa
Emigración
Desigualdad
Economía
Derechos humanos
Colonialismo
Explotación
Racismo
Origen / patria

Tareas (temas)

1. Busca informaciones adicionales acerca de los temas tratados en la canción.
2. ¿Qué temas faltan en la lista?
3. ¿Qué mensaje / intención tiene la canción respecto a los temas tratados? ¿Cómo se transmiten los mensajes?

6. Tareas adicionales

La música

1. Compara esta canción con un rap de Alemania. Observa y describe posibles diferencias respecto al ritmo, la melodía y los instrumentos.

Trabajo creativo

1. Imagina que el cantante es tu mejor amigo. Escribe una carta dándole consejos.
2. ¿Conoces algún caso parecido?

3. Imagínate una estatua del cantante. ¿Qué actitud podría adoptar?

Otros trabajos autónomos

1. Busca informaciones acerca de cooperaciones musicales entre *Orishas* y otros músicos.
2. Busca informaciones acerca de la influencia de *Orishas* sobre otros músicos.
3. *Orishas* nunca rodó un videoclip con la canción de *Emigrantes*. ¿Cómo se podría acompañar la canción con imágenes? Haz planes para la producción de un vídeo musical.

La Etnia – Realismo[1]

1. La canción 🖰

El álbum: *Stress Dolor & Adrenalina*
La fecha de edición: 2001
Compañía discográfica: *5-27 Récords / UO Productions*
Género: Rap / hip-hop

Comprensión auditiva y del vocabulario

1. Escucha la canción y toma nota de lo que entiendes del texto. ¿Tienes problemas con el vocabulario?
2. Describe los instrumentos y el carácter de la música (lírico / agradable y fácil de escuchar o desagradable y difícil de escuchar / variado o monótono).
3. ¿Qué puede significar el título de la canción?

---

[1] Alina Gleichner / Carmen Mittelstädt

2. Letra

Crónicas criminales, rondan el índigo planeta[1]
se arma la treta[2] callejera, 100% neta,
historia, barrio, precario
esquina, escenario, urbano
mercenario[3] en canadá, chacalendario[4]
perdiste presidiario, caiste en el ruedo rutinario
hay que estar mario,
patrullan diario sirenas de comisarios,
son emisarios[5], hospital y presidio en cementerio,
es algo serio,
y siente orgullo, me escabullo[6] por las calles
de la basta[7] y cruenta[8] ciudad,
colmada[9] de maldad,
carcomida[10] de necesidad,
de repente se transforma crudamente[11] en verdad,
existencias, duras experiencias
en realidad vida salvaje, ingenuo personaje
de la cúspide[12] desconoces
lo que te escupen nuestras voces tenaces[13]
pruebas vivenciales,
mundo de hielo, de mis angelicales
infiernos y el odio que prefiera,
tarda la espera,
la muerte urbana, nocturna insegura
dobla la acera[14] oscura
con su hierro en su cintura.

Nace, crece, y se reproduce en la mente el odio,
sigue la etnnia con realismo en episodio.

El hombre aquí se hace un comienzo,
un desenlace[15], el mañana, el hombre criminal de ahora,
minuto a minuto y hora tras hora,
temas transcurridos y mensages transmitidos,
realidad oscura va directa desde las calles,
guerriarla con fuerza, espero no desmayes[16].

Nace, crece, y se reproduce en la mente el odio,
sigue *El Lata*[17], narrando los episodios.

Hay que pilotar y a la vez hay que guerriar,
la rudeza en el suelo, qué dificil duelo,
qué contaminado es que se encuentra este medio,
difícil remedio, mira y que te dio,

[1] índigo planeta: la tierra
[2] treta: manera de actuar deshonesta para conseguir algo
[3] mercenario: persona que actua sólo por dinero; [4] chacalendario: palabra no aparece en ningún diccionario
[5] emisario: persona que transmite un mensaje, agente
[6] escabullirse: escapar
[7] basto: algo que es grosero y vulgar; [8] cruenta: sangriento, lleno de sangre; [9] colmado: lleno
[10] carcomido: lleno, arruinado, destruido
[11] crudamente: de manera que provoca gran sufrimiento
[12] cúspide: pico de algo, aquí: clase alta de la sociedad
[13] tenaz: que no abandona lo que piensa o lo que está haciendo hasta que consigue so propósito, resistente, ambicioso
[14] acera: parte lateral de una calle más elevada, reservada para peatones
[15] desenlace: fin, solución
[16] desmayar: rendirse, darse por vencido
[17] *El Lata*: nombre de un integrante de *La Etnnia*

miles de artimañas[18] llenas de patrañas[19],
a un medio, a cualquiera con tus garras[20] dañas[21],
como sigue este terreno, una disputa, en ruta,
frente a frente ya se encuentra esta guerra brutal,
casa, cementerio y hospital,
solo para fieras[22] fueron hechas estas aceras.

Nace, crece, y se reproduce en la mente el odio,
sigue la etnnia con realismo en episodios.

¿Cómo te sientes caminando por mi acera?
¿Tienes idea de lo que te espera?
Infinitos casos siguiendo los pasos,
inestables vidas, guerras ganadas y perdidas,
el estorbo[23], un día sin morbo[24]
transcurre, cualquier cosa en la urbe[25] le ocurre,
salpicándolos[26] en charcos[27],
nadando entre los dos
la guerra en el *ghetto* es de todos contra todos,
esto no es un cuento ni yo me lo invento,
los extramuros votando su lamento,
esa estadística no existe, son pocas las respuestas,
demasiadas preguntas, pocas respuestas
hagan sus apuestas, la ruleta de la suerte,
ganas dinero, o tal vez la muerte,
por lograr sus ideales, te odia cuando sales,
el que muestra poderío[28], la envidia lo ha jodido[29],
diferentes puntos de lo que yo puedo,
aquí se termina este fuerte fraseo[30].

Nace, crece, y se reproduce en la mente el odio,
sigue la etnnia con realismo en episodio.

[18] artimaña: maniobra hábil y engañosa; [19] patrañas: mentiras
[20] garras: mano o pie de animales feroces como león, oso o tigre;
[21] dañar: hacer daño, herir
[22] fieras: animales salvajes carnívoros
[23] estorbo: molestia; [24] morbo: enfermedad
[25] urbe: ciudad
[26] salpicar: manchar o mojar con un liquido; [27] charco: hoyo en el suelo lleno de agua
[28] poderío: riqueza (fuerza, influencia); [29] joder: tener sexo; aquí:fastidiar
[30] fraseo: aquí: el rap

El contenido

1. ¿Cuál es el tema central del texto?
2. ¿Cuáles son las palabras claves?
3. Busca metáforas u otros recursos retóricos y dibuja imágenes que correspondan a ellos. ¿Hay frases parecidas en alemán?
4. Haz una lista con todos los adjetivos negativos que aparecen en el texto.
5. Fíjate en el estribillo de la canción. ¿Existe una relación entre la estructura del texto y el mensaje en el estribillo?

Interpretación

1. ¿Qué imagen da el artista del lugar donde vive?
2. ¿Cómo imaginas sobrevivir en un mundo así?
3. ¿Se ofrece alguna alternativa a ese mundo?
4. Propón tú una alternativa o un modo de salir de esta vida.
5. Describe el problema del rapero. ¿Te puedes identificar con él?
6. Compara la realidad en el país en el que vives el panorama que describe esta canción.

3. Biografía del grupo y origen del nombre *Crooked Stilo*

La Etnnia es un grupo de rap y hip-hop colombiano fundado por los artistas Kany, Kaiser, Ata, Buitre, Zebra y Fonx. Actualmente se compone por Kany, Daniel, Kaiser, Ata y el *Escuadrón 5-27* (Kontent, Buitre y Plazco). Hicieron los primeros intentos musicales en 1984 en el barrio de Las Cruces en Bogotá, la capital de Colombia, siendo uno de los primeros grupos en inspirarse en el hip-hop americano y sobre todo en el *breakdance*. En 1994 publicaron su primer álbum oficial. Consiguieron éxitos internacionales y en 2003 recibieron el premio *Mensajeros de la verdad* por la difusión de su mensaje social y crítico acerca de las comunidades minoritarias y poco favorecidas. Su gran éxito les lleva a muchos escenarios tanto en Latinoamérica como en Europa y Estados Unidos.

Los motivos dominantes en los vídeos de *La Etnnia* 🖰

la ciudad, la calle, el fuego, el logo / la etiqueta de la banda, la detención, la cárcel, la prostitución, las armas, las drogas, la muerte

Informaciones / entrevistas, etc. 🖰

Discografía 🖰

Desde su fundación en 1984 han publicado 7 álbumes de rap:

- *El Ataque Del Metano* (1995)
- *Malicia Indígena* (1997)
- *Criminología* (1999)
- *Stress, Dolor & Adrenalina* (2001)
- *Real* (2004)
- *Por Siempre* (2008)
- *La voz de la calle* (2010)

4. Informaciones adicionales (cultura, lengua, ética, etc.)

Colombia 🖰

Bogotá 🖰

Los niños en Colombia 🖰

Los niños de la FARC 🖰

Las drogas 🖰

Mensajeros De La Verdad 🖰

Objetivos del Milenio

La Cumbre de la ONU sobre los objetivos de desarrollo del Milenio concluyó con la adopción de un plan de acción mundial para alcanzar los ocho objetivos de lucha contra la pobreza para su fecha límite de 2015 y el anuncio de los principales nuevos compromisos para la salud de las mujeres y los niños y otras iniciativas contra la pobreza, el hambre y la enfermedad.

Otros materiales

Libros

Kornberger, Reiner y Julio Ardila (2003). *Amapola sangrienta: El narcotráfico en Colombia*. Berlín y Munich: Langenscheidt KG.

Una historia policíaca para alumnos del español avanzado. Con ayudas de vocabulario y tareas. Ilustrado. Idioma: español. Temas: el poder económico del narcotráfico; Colombia ayer y hoy contado desde el punto de vista de un jóven periodista.

Películas

Hasta la última piedra – Bis zum letzten Stein (2006). Dir. Juan José Lozano. Earthling Productions.

Película documental sobre la comunidad pacífica San José (fundada en 1997) que se resistió a la guerra civil colombiana.

Casanare – Exhumando el Genocidio (2009). Dir. Bruno Federico. La Danza Inmóvil.

Película sobre los conflictos violentos en Colombia y las reservas de petróleo en el departamento Casanare.

Tareas (informaciones adicionales)

1. ¿Qué sabes sobre Colombia y Bogotá? Reune tus ideas en un mapa mental (*mindmap*).

5. Los temas

«crónicas criminales» (l. 1)	= criminalidad
«la treta callejera» (l. 2)	= engaño en las calles
«barrio» (l. 3)	= ciudad, barrios pobres
«presidiarios» (l. 6), «sirenas de comisarios» (l. 8)	= persecución de presidiarios / policía
«hospital y presidio en cementerio» (l. 9)	= muerte y asesinato
«me escabullo por las calles» (l. 11)	= huida
«basta y cruenta ciudad» (l. 12)	= violencia y crimen
«carcomida de necesidad» (l. 14)	= muerte
«duras experiencias» (l. 16)	= dura vida cotidiana
«ingenuo personaje de la cúspide» (ll. 17 s.)	= clases sociales
«tarda la espera» (l. 23)	= desesperación
«nocturna insegura» (l. 24)	= peligros en las calles
«con su hierro en su cintura» (l. 26)	= posesión de armas
«nace, crece, y se reproduce en la mente el odio» (l.28)	= odio
«guerra brutal» (l. 48)	= guerra callejera
«las fieras» (l. 50)	= brutalidad
«la envidia lo ha jodido» (l. 71)	= envidia

El entrecruzamiento de los temas

País (Colombia) – ciudad (Bogotá) – barrios pobres (Las Cruces) – pobreza – causas de pobreza – vida en la calle – guerra callejera – criminalidad – delitos – presidiarios – muerte / asesinato – violencia – drogas – delincuentes – delincuencia juvenil – jóvenes y niños en enfrentamientos callejeros – jóvenes y niños en guerras – guerilla / F.A.R.C. – guerillas vs. Paramilitares

La Etnnia – rap – *breakdance* – grafiti – moda

Mensajeros de la verdad

6. Tareas adicionales

1. Compara esta canción con la canción *Acepto mi derrota* de Crooked Stilo.
2. ¿Qué impresión te produce esta música? ¿Cómo expresa cada rapero el texto a través de la música?
3. Crea mapas mentales (*mindmaps*) con las siguientes palabras claves: Colombia, ciudad (barrio, calle, acera, esquina...), criminalidad, cultura juvenil, rap y hip-hop.
4. Si tú fueras mensajero de la verdad, ¿qué verdades contarías sobre vuestra ciudad?
5. Escribe un rap sobre tu ciudad.
6. Dibuja / pinta un grafiti sobre uno de los temas en el texto.
7. Diseña un póster sobre uno de los temas en el texto.
8. Redacta un artículo para el periódico de tu colegio sobre uno de los temas en el texto.

Latin Fresh - Tranquilo[1]

1. La canción 🖰

El álbum: *Tranquilo*
La fecha de edición: 25/11/1997
Compañía discográfica: *Sony U.S. Latin*
Género: Rap

Comprensión auditiva y del vocabulario

1. Escucha la canción y toma nota de lo que entiendes del texto. ¿Tienes problemas con el vocabulario?
2. Describe los instrumentos y el carácter de la música (lírico / agradable y fácil de escuchar o desagradable y difícil de escuchar / variado o monótono).

---

[1] Virginia de Castro

2. Letra

Me levanto bien tarde en la mañana,
Pues[1] me fui a un baile y llegué de madrugada[2].
Le digo a mi vieja[3]: «¿Qué hay para desayunar?»
Y ella me contesta: «¡Veté a trabajar!»
La trato con cariño y le doy un beso
Para recordarle[4] que yo soy su hijo tierno[5].
No miento, es cierto[6], pero te comento:
Hay muchos que piensan
que soy un muchacho inquieto[7].
Tomo mis *froot loops*[8] como todos los días.
Enciendo el estéreo[9] y activo una melodía.
«Rin» hace el teléfono y mi hermano lo atiende[10]
«¡Escucha!», dice: «*Brother*, tu chica está caliente[11].»
Lo agarro[12] con calma[13] y le digo: «¿Qué te pasa?»
Pero ella me grita: «Anoche, ¿dónde estabas?»
«¡Deja ya la bulla[14]!», dicen todos lo vecinos.
Aunque me pase todo y eso yo
Sigo siendo un pelado[15] tranquilo

[1] pues: por que; [2] de madrugada: muy temprano por la mañana; [3] vieja: madre (estilo coloquial)
[4] recordar: traer a la memoria; [5] tierno: cariñoso, sensible
[6] cierto: verdadero
[7] muchacho inquieto: chico sin tranquilidad
[8] froot loops: cereales
[9] estéreo: aquí equipo de música
[10] atender: aquí coger el teléfono
[11] caliente: aquí enfadada
[12] agarrar: coger, sujetar; [13] calma: tranquilidad
[14] bulla: escándalo, alboroto
[15] pelado: niño, muchacho (en Bolivia), persona de las capas sociales inferiores (en El Salvador, Honduras y México)

Hablen lo que hablen sigo siendo un pelado tranquilo.
Mi nombre es Latin Fresh como ven.

Tranquilo fui a la tienda por un par de cervezas.
Pasan diez minutos y aunque no me lo crean
Llegué primero e inexplicablemente[16]
El chino no me atiende[17], atiende a otra gente.
Saco mi revólver y el pobre se asustó[18].
Yo le dije: «Coge calma[19], que no soy un matón[20].
Solo pasa dos *six pack* y algo para picar[21].»
Y por error hasta me le fui sin pagar, tranquilo.

[16] inexplicable: que no tiene explicación
[17] atender: aquí cuidar de alguien
[18] asustarse: tener miedo sorprende-ntemente
[19] coger calma: tranquilizarse (en América Latina); [20] matón: persona que mata a otra, asesino (estilo coloquial); [21] algo para picar: comida, aperitivo

Hablen lo que hablen sigo siendo un pelado tranquilo.
Mi nombre es Latin Fresh.
Como ven, soy un pelado tranquilo.
Quieren arrestarme[22] y yo soy un pelado tranquilo.
No me acusen[23] de esa vaina[24].

[22] arrestar: detener, coger preso
[23] acusar: echar la culpa; [24] vaina: tontería, cosa no bien recordada

Ruedo por el barrio y encuentro a la banda.
Tú sabes, esperando que alguien caiga.
Más tarde una chica me llamó la atención
Que hasta se movió el siper[25] de mi pantalón.
Yo dije: «Muchacha, me gusta como caminas.
Vente para acá y dame una probadita[26].»
Pero ella respondió con una vulgaridad[27]:
«Para ser exacto, vente para mi shhhhh...»
Tú sabes algo, *brother*,
esas chicas sin duda son las mejores.
You know, cuando tú la tienes así tú le preguntas:
«¿Qué es lo que es? Ahora sí. OK…»
Seguimos rodando por la avenida
hasta encontrarnos en una zona prohibida[28].
No buscaba problemas, no buscaba discusión.

[25] siper: bragueta, cremallera del pantalón (del inglés zipper)
[26] probadita: diminutivo de prueba; demostración
[27] vulgaridad: aquí palabrota, taco
[28] prohibido/-a: no permitido

Yo solo iba por chicas, alcohol y diversión[29], tranquilo (*that's right*).
Llegando a la bodega[30] me encuentro a una amiga
Y le invito a dar una vuelta.
Ella dijo: «Negro, ¿acaso tú te has vuelto loco?»
Si te ven por aquí, se va a formar un alboroto[31] (*blaun blan blan*).
Comenzaron los disparos
Y sin más remedio[32] tuvimos que marcharnos.
Ahora me están buscando y me quieren matar
Yo digo: «¿*What*? ¿Por qué no me dejan en paz, tranquilo?»

Hablen lo que hablen sigo siendo un pelado tranquilo.
Mi nombre es Latin Fresh.
Como ven, soy un pelado tranquilo.
Digan lo que digan sigo siendo y seré tranquilo.
No me acusen de esa vaina porque yo soy tranquilo.
Hablen lo que hablen sigo siendo un pelado tranquilo.
Mi nombre es Latin Fresh.
Como ven, soy un pelado tranquilo…

[29] diversión: entretenimiento
[30] bodega: aquí bar
[31] alboroto: escándalo
[32] remedio: ayuda, alternativa

El contenido

1. ¿Cuál es el tema central del texto?
2. ¿Cuáles son las palabras claves?
3. Haz una lista con los recursos literarios que encuentras (aliteraciones, comparaciones, etc.).
4. Haz una lista con palabras negativas y una con palabras positivas.

Interpretación

1. ¿Qué vida crees que lleva el cantante?
2. ¿Con quién vive el cantante?
3. ¿Crees que tiene amigos el cantante?
4. ¿Qué papel desempeña la violencia en esta canción?

3. Biografía del grupo

Roberto de los Ríos Reyes, conocido musicalmente como *Latin Fresh*, es un cantante y artista *reggae* panameño. Nació el 15 de marzo de 1975.
Empezó con la música a los 13 años mientras cursaba el 2.° año en el Instituto América (Panamá) en el año 1988.

En 1993 viajó a la ciudad de Guayaquil, Ecuador, para continuar sus estudios, pero siguió trabajando en sus ideas musicales. Allí ganó dos concursos para aficionados al rap y le facilitaron la grabación de su primer disco (hasta ese momento solo había grabado *mixtapes*).

En 1995, temas como *Tranquilo* y *Ella Se Arrebata* se convierten en grandes éxitos en Panamá y *Sony Music Centroamérica* lo contrata.

En 1997, ya con *Sony Music* y con un disco de oro por sus ventas, realiza una extensa gira por los países Centroamericanos y de Suramérica. Ésta resultó ser un gran éxito y un millón de personas en El Salvador, Nicaragua, Honduras, Guatemala, Costa Rica, Colombia, Ecuador, Estados Unidos, Puerto Rico y Panamá asistieron a sus *shows*.

También trabaja como productor musical. *La Unión: Rap, Reggae & Flow (1997)* es una muestra de las inquietudes musicales de *Latin Fresh* y reúne algunos de los nombres más representativos del rap y *reggae* hispanohablantes de Panamá. *La Unión* fue su segunda producción con *Sony Music*.

En 1999 publicó *El Panameño*. Con este CD se cumple el contrato con *Sony* de 3 CD, y *Latin Fresh* queda como agente libre.

En el año 2001, ahora con *Fonovisa*, se traslada con *Los Dementes* a los EEUU para iniciar *La Conquista*.

En 2002 lanza su tercer álbum como solista. Con ese, su popularidad aumenta notablemente.

En 2004 con *La Cuarta Carta* (4.º álbum solista) grabado en Miami, Puerto Rico y Panamá con la colaboración de artistas como *El Roockie*, *Kafu Banton* y *Yaga y Mackie* como con los mejores productores del género, *Latin Fresh* alcanza una gran importancia en el *reggae*-rap enespañol.

El artista dice estar satisfecho, ya que es «el mejor trabajo en su carrera», ya que está en un nivel profesional más alto y el disco es una producción «universal y comercial». El cantante explica que el éxito del CD se debe a que «la música evoluciona... hay que seguir para adelante y no quedar estancado». En esa producción predominan los géneros del *reggae*, hip-hop, *R&B*, rap y disco. Los temas son variados y se centran en mujeres, amor y asuntos de interés social.

En 2006, bajo el prestigioso sello *Machete Music*, se publica *Plan Calle*, lanzado desde EEUU por primera vez en su carrera. Como de costumbre este CD supera a los anteriores en calidad, contenido y proyección.

En 2009 lanza la serie de *mixtapes Maravilla Lírica* con su primer volumen, donde representa y expone el movimiento *underground*, el rap duro y el *reggae* latino, demostrando nuevamente su gran talento y su habilidad de unir experiencia y frescura, simplicidad y complejidad. Este *mixtape* o CD informal es distribuido gratuitamente en las calles de Latinoamérica y en su página web oficial. Ese mismo año lanza *Tu Cuerpo me Llama (Sexo en la City)*, *Noche en La Playa* y *Verte Bailar*, sencillos de su próximo álbum *Urban City*.

En 2010 continúa con *Arde en Calor Rmx*, *Suffering* y *Zoom*, todos extraídos de *Urban City*, además de lanzar y distribuir *Maravilla Lirica Vol. 2 Mixtape*, continuando con su campaña *underground* con rap y *dancehall* crudo y explicito.

Su música ha sido utilizada como banda sonora de documentales y películas, entre ellas *One Dollar: El Precio de la Vida* y *La Vida de Durán*. Ha compartido escenario con artistas de la talla de Gilberto Santa Rosa, El Gran Combo, Fat Joe, 50 Cent, Elvis Crespo, Salserin, Benee Man, Los Pericos, Tito Nieves, Ret Rat, Proyecto Uno, Oro Solido, Daddy Yankee, Fulanito, Tito Rojas, Cuentos de la Cripta, Nigga, entre otros.

Discografía

- *Tranquilo* (1997)
- *La Unión: Rap, Reggae & Flow* (1997)
- *El Panameño* (1999)
- *Los Dementes* (2001)
- *Latin Fresh* (2002)
- *La Cuarta Carta* (2004)
- *Plan Calle* (2006)
- *Urban City* (2012)

Tareas

1. Busca informaciones, fotos y otras canciones del artista por internet.

4. Informaciones adicionales (cultura, lengua, ética, etc.)

Panamá

Su nombre oficial es República de Panamá y su capital es la ciudad de Panamá. Es un país soberano de América que esta ubicado en el extremo sureste de América Central que también es su subdivisión. Limita al Norte con el mar Caribe, al Sur con el océano Pacífico, al Este con Colombia y al Oeste con Costa Rica. Tiene una extensión de 75517 km². Localizado en el istmo que une a

Sudamérica con América Central, su territorio montañoso solamente es interrumpido por el Canal de Panamá.

Su población es de unos 3,4 millones de habitantes. De acuerdo con la Constitución Panameña, el español es la lengua oficial del país y todos los panameños tienen el deber de conocerla y el derecho a usarla. Otras siete lenguas indígenas son también reconocidas en el sistema educativo en diversas comunidades donde es mayoritaria la población indígena.

La Constitución Política de Panamá de 1972, reformada por los Actos Reformatorios de 1978 y por el Acto Constitucional de 1983, presenta un Gobierno unitario, republicano, democrático y representativo. La división política de la República de Panamá comprende 9 provincias, 75 distritos o municipios, 3 comarcas indígenas de nivel provincial y 640 corregimientos, de los cuales dos son comarcales.

El turismo representa una de las principales actividades del país. Las áreas centrales del turismo son el turismo de negocios, playas y comercio. Anualmente el turismo genera ganancias aproximadas a 1400 millones de dólares americanos. Durante el año 2011 Panamá recibió más de 2 millones de turistas, con un crecimiento del 18 % con respecto a 2010. Es el país con el mejor Índice de Desarrollo Humano en América Central y el sexto en América Latina.

Pese a una notable reducción de la pobreza y desempleo en los últimos años y el alto índice de desarrollo humano logrado en las últimas dos décadas, en Panamá persiste el problema de la pobreza y la desigualdad social.

Tareas (informaciones adicionales)

1. Relaciona las informaciones acerca de Panamá con la biografía de *Latin Fresh*.
2. Busca más informaciones acerca de Panamá.
3. Busca informaciones acerca de la música en Panamá.

5. Los temas

Machismo
Tranquilidad
Criminalidad
Violencia
Trabajo
Amor
Sexo
Alcohol
Bandas criminales

6. Tareas adicionales

La música

1. Compara esta canción con un rap de Alemania. Observa y describe posibles diferencias respecto al ritmo, la melodía y los instrumentos.
2. ¿El solista canta o habla? Fundamenta tu opinión.
3. En este rap se pueden escuchar elementos de otra música. Infórmate a través de Internet sobre el *reggae* y aplica esas informaciones a la canción.

Trabajo creativo

1. Imagina que el cantante es tu mejor amigo. Escribe una carta dándole consejos.
2. ¿Conoces algún caso parecido?
3. Imagínate una estatua del cantante. ¿Qué actitud podría adoptar?

Otras tareas

1. ¿Puedes identificarte con lo que plantea la canción?
2. ¿Qué carácter tiene el rapero?
3. ¿Cómo es el comportamiento del rapero ante la sociedad?

Tiro de Gracia – Joven de la Pobla[1]

1. La canción

El álbum: *Decisión*
La fecha de edición: 1999
Compañía discográfica: *EMI Odeon*
Género: Rap

Comprensión auditiva y del vocabulario

1. Escucha la canción y toma nota de lo que entiendes del texto. ¿Tienes problemas con el vocabulario?
2. Describe los instrumentos y el carácter de la música (lírico / agradable y fácil de escuchar o desagradable y difícil de escuchar / variado o monótono).
3. ¿El video muestra imágenes propias o elementos típicos de hip-hop?
4. Del video clip elige la escena que más te gusta y descríbela (personajes, objetos, actividades, colores, etc.)

---

[1] Réné Barrios

2. Letra

Yo sé que nadie te dobla, joven de la pobla[1].
Yo, Lengua Dura, te saluda con un hola.
Tienes que sacarte la chapa[2] de mal vestido, mal oliente[3],
mala gente que vive entre delincuentes[4].
Eso lo dicen las mentes dominadoras
que te aplastan[5] en cualquier parte a todas horas.
En un programa muestra a gente
de un lugar sin siquiera conocer la realidad.
No hablo con política, solo quiero ver la caridad[6]
con claridad, con realidad.

Yo sé que nadie te dobla,
tienes que tirar pa'rriba[7], joven de la pobla.

En esta ciudad grande, llena de suciedad gigante[8]
llenos estan los cánones[9].
Unos piensan que arriba está lleno de cuicos[10],
los otros piensan que domésticos[11]
son todos los humanos de una población.
Yo veo lo que creo y lo digo en esta canción
por que el ser humano real, esa es la cuestión,
rico de media y pobre mi mundo está en unión.
Yo ataco las frutas podridas
que tratan de podrir[12] el cajón.

Yo sé que nadie te dobla,
tienes que tirar pa´rriba, joven de la pobla.

Break. ¡Somos, somos gente, gente somos!
Mi cru[13] y mi mensaje es universal.
Cuando era muy chico yo vivía muy mal.
Yo soy de un sector mas o menos marginal[14],
pero tengo el derecho como humano igual
de vivir bien, comer bien, vestirme bien y estar bien
con la gente de distinta raza
o que no tengan igual casa
que la mía. Yo sé que en mi casa
hay mucha cabida[15] para gente
que quiera que yo los respete,
pero si quieren respeto
que a ti también te respeten, pero te respeten.

Yo sé que nadie te dobla,
tienes que tirar pa´rriba, joven de la pobla.

[1] pobla: barrio pobre
[2] chapa: imagen/fama; [3] mal oliente: de (mal) olor, oler (mal); [4] delincuente: persona que comete un delito
[5] aplastar: presionar físicamente hacia abajo
[6] caridad: ayuda o auxilio que se da a los necesitados
[7] pa'arriba: para/hacia arriba
[8] gigante: muy grande
[9] cánones:reglas
[10] cuicos: *snobs*
[11] doméstico: de la casa
[12] podrir: deshacer, descomponer
[13] cru: el grupo
[14] marginal: al margen
[15] cabida: capacidad, espacio

El contenido

1. ¿Cuál es el tema central del texto?
2. ¿Cuáles son las palabras claves?
3. Haz una lista con los recursos literarios que encuentras (aliteraciones, comparaciones, etc.).
4. Haz una lista con palabras negativas y una con palabras positivas.
5. ¿Qué es un sociolecto? ¿Cuáles encuentras en la canción? ¿Con qué palabras se podrían sustituir los sociolectos? ¿Qué tipo de lenguaje prefieres y por qué?

Interpretación

1. ¿De qué clases sociales trata la canción?
2. ¿De qué prejuicios de clase habla la canción?
3. ¿Qué son las «frutas» que pretende atacar con la canción?
4. ¿A quién se dirige la canción y cuál es su mensaje?
5. ¿Concuerda el video con la letra de la canción?
6. ¿Crees que la canción describe la realidad del país?
7. ¿Puedes identificar estereotipos (del género de música, de la sociedad etc.)?
8. ¿Qué pretenden los autores de la canción? (véase también en otras canciones del conjunto).

3. Biografía del grupo

Tiro de Gracia fue fundado a principios de los años noventa por Juan Sativo y Lenwadura (o Lengua Dura), a los que pronto se les uniría Explícito. Compartieron escenario por primera vez en abril de 1993 con un *show* en el gimnasio municipal de Lo Prado (ciudad y comuna de Santiago).

Con la colaboración de Dj Barsa, *Tiro De Gracia* publicó dos producciones independientes, *Arma Calibrada* y *Homosapiens*, entre los que destacaron los temas *Cero Grocero* y *Directo al corazón*. Grabaron sus canciones sobre *samples* de *Metallica*, creando una especie de rap metal. Las producciones fueron difundidas mano a mano entre todos los fanáticos al hip-hop de la época.

Tiro de Gracia empezó a destacar en el ambiente *underground* por sus enérgicas presentaciones en vivo y su estilo directo y positivo.

En 1999 *Tiro de Gracia* publicó su segundo álbum, *Decisión*, en el que aparecen las canciones *Joven de la Pobla* y *Amor Enfermizo*. Este disco es más radical en su sonido y lírica, con textos más sociales y directos, aunque musicalmente más orientado al sonido hip-hop afroamericano.

A finales de 2006, Juan Pincel hizo una canción sin Lengua Dura que demostraba la mala relación que existía entre ellos. La última canción de la banda fue presentada en 2007 con poco éxito. Finalmente anunciaron la separacion definitiva del grupo.

Información adicional acerca de la canción

Joven de la Pobla es un sencillo (*single*) y la canción n.° 3 del álbum *Decisión* del grupo de hip-hop chileno *Tiro de Gracia* publicado el 1999.

La canción habla sobre las personas (específicamente jóvenes) que viven en poblas, discriminadas por ser de la clase baja y llamadas varias veces delincuentes por vivir entre ellos. Es la canción más conocida de este álbum y una de las más populares del grupo, incluída en su álbum de grandes éxitos *Impacto Certero*.

El tema hace alusión a la realidad que les tocó vivir a Juan Sativo, Lenwa Dura y Zaturno, ya que vivieron en sectores poblacionales hasta su lanzamiento al éxito en 1997 con su álbum debut *Ser humano!!*.

La canción tiene una similitud con el tema *Niños de Barrio* del grupo de *dancehall* / hip-hop *Shamanes Crew* de su álbum del mismo nombre.

Otras Canciones 🖱

América (temas: corrupción, explotación, racismo, dictadura, pobreza, amor, sabor, cultura, pacha mama, mapuche, religión, muerte)

Sueños (temas: propiedad, calle, rap, chile, identidad, destino, estudio, religión, drogas, evolución musical)

Nuevas Sensaciones (temas: historia personal, respeto, tipos de música, barrio bajo, hip-hop)
Mala Leche (temas: vida en el barrio, en la cancha, violencia, actitud personal)

Tareas

1. ¿Qué significa el nombre del grupo *Tiro de Gracia*?
2. Compara el texto del capítulo "Biografía" con el de la fuente original (versión web). Al comparar ambos textos, ¿qué informaciones no aparecen y cuáles son diferentes y por qué? Haz hipótesis y justifícalas.
3. Opina sobre el grupo, la música, las ideas etc.

4. Informaciones adicionales (cultura, lengua, ética, etc.)

Chile

Población
Definición: Conjunto de edificios y espacios de una ciudad.
Significado en el contexto Chileno: asentamiento informal, que (hoy en día) también puede ser un sector donde residen personas de ingresos bajos y medios-bajos o ciudadanos de escasos recursos.
Sinónimos: población callampa, asentamiento informal, barrio, barrio bajo, villa miseria, chabola, favela, cantegril.

Historia de las poblaciones en Santiago

Diccionario de modismos chilenos
Ejemplo relacionado con el vídeo: „Flaite: Persona de estrato bajo, que por lo general se viste como rapero, escucha cumbias y habla en coa. También se les llama así a los delincuentes o a la gente que busca conflictos. El origen de la palabra es debido a unas zapatillas que usaba Michael Jordan y que llebaban por

nombre 'Flight T'. Muchas personas de estrato bajo compraban esas zapatillas y las pedían por 'flai te'.")

Películas

Machuca (2004). Dir. Andrés Wood. Wood Producciones.

La Revolución de los Pingüinos (2008). Dir. Jaime Díaz Lavanchy. Memoria Visual Producciones.

Personajes del ámbito cultural en Chile

Victor Jara
Inti-Illimani
Illapu
Pablo Neruda
Gabriela Mistral

Música

La Nueva Canción (Chilena)
Música andina

Medios de Comunicación
Estudio sobre la concentración del mercado
Riesgos de la concentración
Estructura de los medios de comunicación en Chile

Leyes

Ley Orgánica Constitucional de Enseñanza (1990)
Ley General de Educación (Chile) (2009)
Becas (sistema de financiamiento de estudios en Chile)

Análisis y estadísticas

Desarrollo Humano Sustentable en Chile 2003 – Cultura e identidad juvenil
Desarrollo Humano en la población Mapuche de la región de la Araucanía (2003)

Tareas (informaciones adicionales)

1. ¿Qué sabías de la vida en la población antes de escuchar el tema? ¿Y qué después?
2. Busca más información acerca de los temas presentados (películas, personas famosas, etc.).

5. Los temas

diferencias de clases sociales
prejuicios de clase
fama/reputación/prejuicios
mala política
(crítica a los) medios de comunicación
Santiago de Chile (situación/ambiente)
unión de personas (de clase social)
derechos humanos/situación social
etnias/razas/unidad
respeto
resistencia/perseverancia/tenacidad
Clases sociales → división social (pobres/ricos; barrio bajo/alto), historia (Allende/Pinochet)
Partidos políticos
La calidad de los medios de comunicación (concentración? informativos? ideológicos?)
„Posición“ de Santiago (representante de Chile o ciudad „única“/especial)

Pobreza, la vida/situación en la población
Nacionalismo
Expectativas para los pobres (permeabilidad social)
Protestas juveniles/estudiantiles (situación de la educación estatal)

6. Tareas adicionales

La música

1. Compara esta canción con un rap de Alemania. Observa y describe posibles diferencias respecto al ritmo, la melodía y los instrumentos.
2. ¿Notas una diferencia entre los estilos de los cantantes (mensaje, estilo, etc.)? ¿Cuáles son?
3. ¿Notas diferencias con otros conjuntos de hip-hop/rap? ¿Cuáles?
4. ¿Conoces una canción (rap) perecida? ¿En qué lengua? ¿Qué diferencias musicales hay entre las dos?

Trabajo creativo

1. ¿Qué le dirías al joven de la 'pobla'? Intenta escribirle una carta.
2. ¿Conoces algún caso parecido?
3. Imagínate una estatua del cantante. ¿Qué actitud podría adoptar?
4. Invéntate algunos versos adicionales para la canción. Puedes usar otros idiomas (atención: los versos tienen que pegar con el tema y con el ritmo de la canción).

Temas para discusiones en el curso

1. ¿Consideras que el rap es un lenguaje mundial? ¿Lo son también/tampoco sus mensajes?
2. ¿Crees que el rap es una forma adecuada para expresarse, para cambiar la sociedad, para mejorar su situación personal etc.?
3. ¿Puedes identificarte con los problemas de la canción? ¿Por qué?

4. ¿Piensas que el trabajo del grupo *Tiro de Gracia* ha influenciado a sus integrantes o que ha logrado cambios en la sociedad? ¿De qué manera y por qué?

Otros trabajos autónomos

1. Compara la situación de los «jóvenes de la pobla» con la situación en Alemania. ¿Hay diferencias? ¿Cuáles son?
2. ¿Hay otras formas (más adecuadas) para conseguir los objetivos declarados directamente e indirectamente en la canción?
3. ¿Conoces algún movimiento social y/o político que esté relacionado con la cuestión estudiantil u otro movimiento social? ¿De qué países son esos movimientos? ¿Están relacionados con otros movimientos (del mismo o de otro país)?
4. Busca información acerca de conflictos actuales en la sociedad chilena.
5. Haced un concurso (battle) de rap usando todos los productos que cada uno ha elaborado. También se pueden integrar otros elementos del hip-hop (breakdance, grafiti, beatbox).

.EFAS.
WRECKED

Tiro de Gracia – Amor Enfermizo[1]

1. La canción 🖰

El álbum: *Decisión*
La fecha de edición: 1999
Compañía discográfica: *EMI Odeon*
Género: Rap

Comprensión auditiva y del vocabulario

1. Escucha la canción y toma nota de lo que entiendes del texto. ¿Tienes problemas con el vocabulario?
2. Describe los instrumentos y el carácter de la música (lírico / agradable y fácil de escuchar o desagradable y difícil de escuchar / variado o monótono).
3. ¿La falta de léxico te impide entender la idea general de la canción?
4. ¿Has notado palabras extrañas?

[1] Réné Barrios

2. Letra

Me levanto por la mañana
y veo el rostro[1] de quien me acompaña
todos los días.
Pero ya lo veo con otros ojos,
porque cualquier cosa ya me causa enojo[2].
Ya se acabó[3] el amor, así parece,
porque con cualquier pequeño roce[4]
cumplido[5] perece[6].
Ya muchas veces ataques fuertes,
heridas[7] circulan[8],
porque el amor es así,
solo equivale[9] a que anule[10], ¡vamos!

Amor enfermizo[11],
es lo que equivale a que me pises[12] si te piso.
Y es igual a terminar con lo que se hizo.
Amor enfermizo
es lo que equivale a que me pises si te piso.
Y es igual a terminar con lo que se hizo.
Amor enfermizo, amor enfermizo.

Besos con mal sabor,
sexo como ejercicios, eso no es amor.
No, no ya no lo es,
lo ves, buenos recuerdos tal vez.
Es lo vivido y lo vivido fue bueno.
Ya es la hora de premiar a este cupido.
Escupido[13] por el diablo,
solo peleas por teléfono
cuando contigo yo hablo.
Lágrimas tuyas y mías,
esto ya es un pan de cada día.

Amor enfermizo,
es lo que equivale a que me pises si te piso.
Y es igual a terminar con lo que se hizo.
Amor enfermizo,
es lo que equivale a que me pises si te piso.
Y es igual a terminar con lo que se hizo.
Amor enfermizo, amor enfermizo.

Digo recordar,
digo pensar en los momentos buenos.
Ellos nos ayudan a curar pronto las heridas.
Luego de la lejanía[14] de un amor en agonía[15],
que buen gusto no tenía.

Mira pa' delante, no mira pa' atras.
Pa' no dar a finalizar
la cosa bella, amor,

[1] rostro: la cara
[2] enojo: rabia, odio
[3] acabarse:terminar
[4] roce: I. acto de tocar una cosa, II. discusión
[5] cumplido: realizado; [6] perecer: morir
[7] herida: daño; [8] circular: moverse en círculos
[9] equivaler: ser igual; [10] anular: terminar
[11] enfermizo: enfermo
[12] pisar: I. poner el pie sobre algo, II. hacer el amor
[13] escupir: tirar por la boca
[14] lejanía: distancia; [15] agonía: estado antes de la muerte

sentimiento de todos hombres, ¿o no?

Amor enfermizo,
es lo que equivale a que me pises si te piso.
Y es igual a terminar con lo que se hizo.
Amor enfermizo,
es lo que equivale a que me pises si te piso.
Y es igual a terminar con lo que se hizo.
Amor enfermizo, amor enfermizo.

Amor enfermizo, amor enfermizo.
Amor enfermizo, amor enfermizo.
Dedicado a todos los amores enfermizos acá,
en la casa.
Raspando[16] rimas, lengua dura.

[16] raspar: rozar

El contenido

1. ¿Cuál es el tema central del texto?
2. ¿Cuáles son las palabras claves?
3. Haz una lista con los recursos literarios que encuentras (aliteraciones, comparaciones, etc.).
4. Haz una lista con palabras negativas y una con palabras positivas.
5. Selecciona (solo) las palabras más importantes y piensa qué posibilidades hay para llegar a entenderlas.
6. Averigua lo que es un sociolecto. ¿Cuáles encuentras en la canción? ¿Con qué palabras se podrían sustituir los sociolectos? ¿Qué tipo de lenguaje prefieres y por qué?

Interpretación

1. ¿A quién se dirige la canción y cuál es su mensaje central?
2. ¿El tema es personal o social? ¿Es algo típico o es raro? ¿Está relacionado con un país específico o con una cultura determinada?
3. ¿Puedes identificarte con el personaje de la canción y con sus problemas? ¿Por qué?
4. ¿Qué le sugieres a los cantantes? Intenta darle consejos con respecto a los problemas que presenta.

3. Biografía del grupo 🖰

Tiro de Gracia fue fundado a principios de los años noventa por Juan Sativo y Lenwadura (o Lengua Dura), a los que pronto se les uniría Explícito. Compartieron escenario por primera vez en abril de 1993 con un *show* en el gimnasio municipal de Lo Prado (ciudad y comuna de Santiago).

Con la colaboración de Dj Barsa, *Tiro De Gracia* publicó dos producciones independientes, *Arma Calibrada* y *Homosapiens*, entre los que destacaron los temas *Cero Grocero* y *Directo al corazón*. Grabaron sus canciones sobre *samples* de *Metallica*, creando una especie de rap metal. Las producciones fueron difundidas mano a mano entre todos los fanáticos al hip-hop de la época.

Tiro de Gracia empezó a destacar en el ambiente *underground* por sus enérgicas presentaciones en vivo y su estilo directo y positivo.
En 1999 *Tiro de Gracia* publicó su segundo álbum, *Decisión*, en el que aparecen las canciones *Joven de la Pobla* y *Amor Enfermizo*. Este disco es más radical en su sonido y lírica, con textos más sociales y directos, aunque musicalmente más orientado al sonido hip-hop afroamericano.
A finales de 2006, Juan Pincel hizo una canción sin Lengua Dura que demostraba la mala relación que existía entre ellos. La última canción de la banda fue presentada en 2007 con poco éxito. Finalmente anunciaron la separacion definitiva del grupo.

Otras Canciones 🖱

América (temas: corrupción, explotación, racismo, dictadura, pobreza, amor, sabor, cultura, pacha mama, mapuche, religión, muerte)

Sueños (temas: propiedad, calle, rap, chile, identidad, destino, estudio, religión, drogas, evolución musical)
Nuevas Sensaciones (temas: historia personal, respeto, tipos de música, barrio bajo, hip-hop)

Mala Leche (temas: vida en el barrio, en la cancha, violencia, actitud personal)

Tareas

1. ¿Qué significa el nombre del grupo *Tiro de Gracia*?
2. Compara el texto del capítulo "Biografía" con el de la fuente original (versión web). Al comparar ambos textos, ¿qué informaciones no aparecen y cuáles son diferentes y por qué? Haz hipótesis y justifícalas.
3. Opina sobre el grupo, la música, las ideas etc.

4. Informaciones adicionales (cultura, lengua, ética, etc.)

Chile

Poemas de Amor

Pablo Neruda: *Cien sonetos de amor*
Erich Fried

Películas

De amor y de sombra (1994). Dir. Betty Kaplan. Aleph Producciones.
Il Postino (1994). Dir. Michael Radford. Cecchi Gori Pictures.
Neruda, todo el amor (1998). Dir. Ignacio Agüero. Zetra Films.
Otra película de amor (2012). Dir. Edwin «Wincy» Oyarce. Terrorismo Audiovisual.
Sexo con amor (2003). Dir. Boris Quercia. Chilechitá.

Personajes

Antonio Skármeta
Pablo Neruda
Isabel Allende

Música

Movimiento Original – Barrio sin luz
Caló – Formas de Amor

Estadísticas

Informe Desarrollo Humano en Chile 2010 – Género: Los desafíos de la igualdad (incluye *Encuesta Desarrollo Humano*).
Informe Desarrollo Humano en Chile 2002 – Los chilenos: un desafío cultural.

Estadísticas Vitales – Informe Anual 2008 (incluye estadísticas de matrimonio). *Divorcio en Chile. Un análisis preliminar tras la nueva Ley de Matrimonio Civil.*

Tareas (informaciones adicionales)

1. Busca más información acerca de los temas presentados (películas, personas famosas, etc.).
2. Compara Neruda con Fried. ¿Tienen algo en común? ¿A qué se deben las diferencias entre los dos?

5. Los temas

Concepto y formas de amor (Poliamor, concepto)

Formas de vivir (solo, con la pareja, como matrimonio, divorcio, como amantes, separación, en conjunto, con la familia tradicional, con la familia patchwork, en la familia monoparental, en un piso compartido/con compañeros de piso)

Cultura de debate (formas de conflictos como característica personal y/o cultural)

Problemas

Peleas

Sexo

Identidad

Reflexión personal

La vida cotidiana

Sentimientos

Fidelidad y traición

Violencia doméstica

Tareas (Temas)

1. ¿Dónde es más común vivir solo/con la familia/con amigos (y ¿por qué?), en Sudamérica o en Europa? ¿La situación es la misma en toda Europa/Sudamérica?

6. Tareas adicionales

La música

1. Compara esta canción con un rap de Alemania. Observa y describe posibles diferencias respecto al ritmo, la melodía y los instrumentos.
2. ¿Conoces una canción (rap) parecida? ¿En qué idioma? ¿Qué diferencias musicales hay entre las dos?
3. ¿Los contenidos de la canción son típicos del hip-hop, exclusivamente, o pertenecen a otro estilo de música?

Trabajo creativo

1. Imagina que el cantante es tu mejor amigo. Escribe una carta dándole consejos.
2. ¿Conoces algún caso parecido?
3. Imagínate una estatua del cantante. ¿Qué actitud podría adoptar?
4. Junta las palabras más interesantes y elabora otro rap con esos recursos (o usando siempre las palabras equivalentes de otro sociolecto) (empezando con una lluvia de ideas; en seguida ordenando los recursos/vocablos → mindmap o columnas)
5. Escribe un poema, crea un rap, dibuja un grafiti o mural u otro producto de expresión personal.

Temas para discusiones en el curso

1. Discutid ventajas y desventajas o particularidades de vivir solo, en pareja, en conjunto u otras opciones con respecto a la forma de vivir.
2. ¿Por qué surgen conflictos en la convivencia, qué tipo de conflictos son y de qué forma se pueden solucionar?
3. ¿Qué estructuras familiares conoces de tu país o de un país bien conocido?
4. ¿Qué forma de expresarse prefieres: el hip-hop o el poema tradicional? ¿Es posible acercar, juntar/sintetizar ambos estilos de expresión?

NECK · MUSK
SEAK

Wayna Rap – Chamakat Sartasiry[1]

1. La canción

La fecha de edición: 13/05/2008

Género: Rap/hip-hop

Comprensión auditiva y del vocabulario

1. Escucha la canción, lee los subtítulos y toma nota de lo que entiendes del texto. ¿Tienes problemas con el vocabulario?
2. Describe los instrumentos y el carácter de la música (lírico / agradable y fácil de escuchar o desagradable y difícil de escuchar / variado o monótono).
3. Escucha el estribillo. ¿ Qué podría significar?

[1] Alina Gleichner

2. Letra

Los Aymaras[1] somos originarios[2] de América.
Vivimos desde hace miles y miles de años
de estas tierras.
Está hablando, está creciendo de la sombra[3],
está saliendo para hablar por siempre.
No y no, sin avergonzarse[4] (sí, ah).
Miles, miles son millones. Mi pueblo Aymara
con la sangre de Tupac Katari[5],
este nombre escribiremos en los muros.

Aymara quechuas[6] se están levantando
Con fuerza, con fuerza están viniendo.

Nuestros antepasados[7] nos legaron[8]
todo lo bueno, lo hermoso y grandioso.
Sus hijos debemos aprender.
El Ayllu[9] es una organización.
Nuestros antepasados nos legaron
todo lo bueno, lo hermoso y grandioso.
De los originarios aymaras
debemos seguir guiándonos[10]
y no nos apartamos[11] de esta vida.
La voz del Aymara, del Quechua
se levantan de la oscuridad
alumbrando[12] a Latinoamérica.
Con una gran luz salen, crecen.

Ahora el sol va a salir ahora para nosotros.
Llegará en el camino,
el camino iluminará.
Nubes blancas aparecerán,
remolinos[13] de viento se levantan
para volar como el cóndor[14] Mallku[15],
para ser como la fría nieve de la cordillera.

Aymara quechuas se están levantando
con fuerza, con fuerza están viniendo.

A mi pueblo no lo quiero ver solo,
a mi pueblo no lo quiero ver llorar.
No los quiero ver tristes.
Vamos, vamos, hermanos de sangre,
no moriremos arrodillados[16], así será.
Ahora sí, ahora lo vamos a hacer,
ese gran día para todos va a llegar.
El que va a hacer iluminar de la oscuridad.
Está viniendo el retorno[17], ahora sí.
Ahora sí, ahora lo vamos a hacer,
ese gran día para todos va a llegar.
Para cumplir[18] el sueño de nuestros ancestros,
para caminar en los caminos
de nuestros ancestros[19], para cantar

Wayna: 'joven' en idioma de Aymara
chamakat sartasiry: 'saliendo de oscuridad' en idioma de Aymara
[1] los Aymaras: un pueblo indígena de la región del Titicaca entre Perú y Bolivia
[2] originario/-a: que viene de algún lugar
[3] sombra: lugar oscuro, oscuridad
[4] avergonzarse: tener vergüenza, no atreverse
[5] Tupac Katari: nacido Julián Apasa: líder de una rebelión de la población indígena en Bolivia alrededor de 1870
[6] Quechua: el nombre de un pueblo indígena suramericano
[7] antepasado: pariente antiguo de una persona; [8] legar: heredar, dejar
[9] el Ayllu: quechua: familia grande, comunidad de una población
[10] guiar: conducir, indicar el camino
[11] apartarse: separarse, irse
[12] alumbrar: poner luz en algún lugar
[13] remolinos: en movimiento circular y rápido
[14] condór: un ave de los Andes; [15] Mallku: nombre propio de un cóndor de un cuento por Osvaldo Torres
[16] arrodillado: puesto de rodillas
[17] retorno: regreso, vuelta
[18] cumplir: realizar
[19] ancestro: antepasado

juntos vientos nuevos.

Aymara quechuas se están levantando
con fuerza, con fuerza están viniendo.

El contenido

1. ¿Cuál es el tema central del texto?
2. ¿Cuáles son las palabras claves?
3. Haz una lista con los recursos literarios que encuentras (aliteraciones, comparaciones, etc.).
4. Haz una lista con palabras negativas y una con palabras positivas.
5. El texto contiene cuatro palabras de origen aymara. ¿Cuáles son? Busca informaciones en internet sobre esta lengua.
6. ¿Cómo se presenta la cultura Aymara?

Interpretación

1. ¿Qué mensaje central quiere transmitir la canción?
2. ¿Cuáles son las razones del cantante para conservar la cultura Aymara?
3. «Aymara quechuas se están levantando.» (ll. 11, 36, 56) ¿Qué significa para ti esta cita?
4. El título de la canción se puede traducir como «saliendo de la oscuridad». Haz suposiciones acerca del significado del título.

3. Biografía del grupo 🖰

Wayna Rap es una organización juvenil de raperos indígenas Aymara y Quechua de El Alto, el distrito más pobre de La Paz. El grupo usa el rap como una voz política para las personas jóvenes para así promover los derechos de la juventud indígena y luchar contra las injustas infracciones corportativas, corrupción política y represión estatal con música, conciertos y preservación cultural.

Los raperos, perteneciendo a grupos con nombres que se traducen como, por ejemplo, Raza Loca, El movimiento lírico urbano y Los clandestinos, a menudo mezclan Aymara con su español. Sus canciones combinan un fuerte amor por su país con un profundo resentimiento hacia aquellos que los han oprimido y explotado, bien sean extranjeros o no.

Otras canciones

Revolución Kaltasky
Contaminación acústica
Mi Bolivia
Niños de la calle

Tareas

1. Busca más información acerca de *Wayna Rap*. ¿Es fácil encontrar información?

4. Informaciones adicionales (cultura, lengua, ética, etc.)

Bolivia

Los Aymaras

Torres, Osvaldo (2007). *Cóndor Mallku*. Santiago de Chile: Lom Editorial.
La nación clandestina (1989). Dir. Jorge Sanjinés. Grupo Ukamau.

Discriminación de la minoría Aymara

Tupac Katari y la rebelión

El idioma aymara

El rap boliviano / el rap en aymara
Tareas (informaciones adicionales)

1. Haz un *brainstorming* y anota todo lo que sabes acerca de Bolivia.

2. Describe la imagen que se da de Bolivia en el vídeo de la canción.
3. ¿Qué imagen dan los textos y vídeos de la cultura Aymara?

5. Los temas

La población indígena en Bolivia: Aymaras y Quechuas
La historia de los aymaras y quechuas: Tupac Katari; la rebelión de la población indígena en Bolivia (1870)
El orgullo de la población indígena en Bolivia
La lucha contra la discriminación de los aymaras
El idioma aymara y quechua
Bolivia andina
Ciudad La Paz
Barrios pobres en Bolivia
Causas de pobreza de los aymaras
Discrimación y criminalidad
La vida de los jóvenes aymaras

6. Tareas adicionales

La música

1. Compara esta canción con un rap de Alemania. Observa y describe posibles diferencias respecto al ritmo, la melodía y los instrumentos.
2. ¿Qué instrumentos escuchas? ¿De qué cultura provienen? Busca información en internet acerca de la música y los instrumentos típicos de las culturas bolivianas.

Trabajo creativo

1. Imagina que el cantante es tu mejor amigo. Escribe una carta dándole consejos.

2. ¿Conoces algún caso parecido?
3. Imagínate una estatua del cantante. ¿Qué actitud podría adoptar?
4. Redacta un artículo para un periódico escolar.

Otros trabajos autónomos

1. Prepara un póster o una exposición sobre algunos temas de la canción.
2. Busca másinformación acerca de los pueblos indígenas en América Latina.

Mapas mentales (*Mindmaps*)

Mapa mental América Latina

Mapa mental Bolivia

Mapa mental La colonización

Mapa mental La población indígena

Mapa mental La minoría indígena

Mapa mental Cultura juvenil

Mapa mental rap y hip-hop

Dossiers: Französisch

(Redaktion: Frédérique Moureaux Abu Marheil)

K-Maro - Les frères existent encore[1]

1. Chanson

Album : *Million Dollar Boy*
Sortie : 2005
Label : *Warner*
Genre : HipHop/Rap, Groove, R&B

Travail / tâche préliminaire :

1. Lisez le titre : D'après vous, qui sont « les frères » ? Faites des hypothèses.
2. Connaissez-vous des rappeurs / raps français / libanais / québécois ?
3. Cherchez des informations sur le rappeur K-Maro : D'où vient-il ? Quel âge a-t-il ?, etc.

[1] Jana Franz

2. Le texte

On parle de frère, on parle de sang, on parle de respect
On parle de ceux qui ne sont jamais partis, ceux qui sont restés
Malgré les coups et les colères, malgré les claques[1] et les galères[2]
Ceux qui se rappèleront toujours du mot amitié
Ceux qui te parlent et que leur regard est sincère[3]
Ceux qui te prennent sur leur dos pour sauter[4] une barrière
Ceux qui ne connaissent pas la peur quand on marche ensemble
Ceux qui on le même cri, la même foi[5] même quand le c tremble
Mais ce monde a perdu tous sens d'unité,
Tout sens d'humilité[6] le bon sens c'est arrêté,
Les soldats tombent, la trahison[7] en bouche,
Morts de regret, et le soleil se couche
Sur la nuit de ceux qui avaient leur noms gravés dans leur prières[8]
Qui aurait pu dire aujourd'hui qu'ils ont pavé[9] leur vie d'hier ?
C'est pour ça que j'en ai fait mon combat
Et je vais garder les miens aussi longtemps que mon cœur tiendra.

The sun don't shine forever
Faut qu'on se lève, faut qu'on se bouge[10],
Faut qu'on se parle et faut qu'on se batte together
Autour de nous il y a trop de gens qui perdent le nord[11]
Il faut qu'on reste fort et qu'on y croit encore
The sun don't shine forever
Faut qu'on se lève, faut qu'on se bouge,
Faut qu'on se parle et faut qu'on se batte *together*
Autour de nous il y a trop de gens qui perdent le nord,
Il faut qu'on reste fort, les frères existent encore.

S'il fallait qu'un jour ce monde soit plus fort que moi
Et qu'il m'enlève tous les miens tout autour de moi,
Ce sera *the perfect time to say goodbye*
Je partirais le cœur fier *with a tear in my eye*
Alors on s'attache et on se lâche[12] pas
On a un code d'honneur[13] sur un frère, on crache[14] pas
Les mots, on les mâche[15] pas, les promesses, on les casse pas
Si y en a un de nous qui reste, on reste tous et on passe pas
On sait ce qui nous unit, on sait ce qui nous détruit
On sait que trop donner peut nous revenir en mépris[16]
On sait que tout ce qui monte redescend
Alors on ne prend rien pour acquis[17] et on avance à pas prudent[18]
Dans les hauts, dans les bas, faut rester entier
S'il y a des vents qui soufflent, frère, faut rester ancré[19]
C'est pour ça que j'en ai fait mon combat,
Et je vais garder les miens aussi longtemps que mon cœur tiendra

The sun don't shine forever
Faut qu'on se lève, faut qu'on se bouge,
Faut qu'on se parle et faut qu'on se batte *together*
Autour de nous il y a trop de gens qui perdent le nord
Il faut qu'on reste fort et qu'on y croit encore
The sun don't shine forever

[1] une claque : un coup, donné avec le plat de la main; [2] une galère : ici = une situation difficile
[3] sincère : loyal, véritable, authentique
[4] sauter : passer au-dessus d'une barrière
[5] la foi : le fait de croire en qn. (p.ex.: croire en Dieu)
[6] humilité : modestie / respect / simplicité = Demut
[7] la trahison : ne pas être fidèle / loyal
[8] les prières : du verbe prier, acte religieux, demande que l'on adresse à Dieu; [9] paver : « faire » un chemin, carreler → paver un chemin
[10] se bouger : changer
[11] perdre le nord : perdre pied, ne plus savoir où l'on en est
[12] se lâcher : cesser de tenir, abandonner qqch.
[13] code d'honneur : Ehrenkodex; [14] cracher : action de rejeter qc par la bouche; [15] mâcher : écraser qc avec les dents avant d'avaler (la nourriture)
[16] mépris : Geringschätzung, Miss-/Verachtung
[17] acquis : de *acquérir* = gagner/obtenir qc; les faits d'une acquisition; [18] à pas prudent : marcher lentement, doucement; [19] rester ancré : rester solidement, ne jamais quitter un lieu

Faut qu'on se lève, faut qu'on se bouge,
Faut qu'on se parle et faut qu'on se batte *together*
Autour de nous il y a trop de gens qui perdent le nord,
Il faut qu'on reste fort, les frères existent encore {x2}

Après la lecture des paroles / après avoir regardé la vidéo :

1. La chanson / la vidéo vous a-t-elle plu ? Pourquoi / Pourquoi pas ?
2. Ecoutez la chanson et lisez le texte ! Est-ce qu'il y a des questions concernant le vocabulaire ?
3. Faites un mind-map / une carte mentale pour la chanson. Qu'avez-vous retenu après la première (/ deuxième...) écoute ? Quels sont les thèmes principaux ?
4. Quels sont les thèmes dont K-Maro parle ? Donnez les mots-clés !
5. Il y a plusieurs conflits dans la vidéo – lesquels ? D'après vous, quelle en est la cause ?
6. Avez-vous déjà vécu un tel conflit ? Comment avez-vous réagi ?
7. Le rappeur chante en anglais et en français. Trouvez les passages en anglais et traduisez-les en français. A votre avis, pourquoi passe-t-il à l'anglais dans ces passages-là ?
8. De qui est-ce qu'il pourrait parler en disant « les frères » ? Et qu'est-ce que ces « frères » ont à voir avec « ceux » dont K-Maro parle beaucoup dans le premier couplet ?
9. Pourquoi est-ce qu'il faut se battre ? Contre qui ou quoi ?
10. Qu'en pensez-vous ? Comment est-ce qu'il voit le monde ? Est-ce que sa vision du monde correspond à la vôtre ?
11. Expliquez ce que c'est un « code d'honneur » (l. 32) pour K-Maro. Et pour vous, qu'est-ce qu'un code d'honneur ?

Questions concernant la musique

Ce rap ne ressemble pas au genre général du rap. Faites attention à la voix et à l'accompagnement musical ! Comparez les deux éléments avec des morceaux d'autres rappeurs comme Sniper: *La France* ou Bisso na Bisso: *Après la guerre* ou même avec d'autres chansons de K-Maro (cf. ci-dessous).

1. Quelles sont les différences par rapport aux autres morceaux ? Faites attention à la voix des chanteurs / rappeurs, à la musique d'accompagnement (Quels instruments entendez-vous ? Y a-t-il des chanteurs qui font les chœurs ?, etc.), aux paroles, ...

2. Quelle est l'ambiance dans cette chanson – plutôt en mode mineur ou mode majeur ? Qu'est-ce que cela évoque ?

Questions supplémentaires

1. Faites des rapports associatifs en utilisant pour base les mots-clés identifiés dans l'exercice 2.4.
2. Pensez-vous qu'il peut persuader les gens avec son idéologie ? Pourquoi / Pourquoi pas ?
3. Imaginez que vous êtes « le président du monde ». Qu'est-ce que vous pourriez faire pour améliorer les buts de K-Maro ?
4. Que sont les problèmes dont K-Maro parle dans son rap ? Pensez-vous que les mêmes problèmes existent dans votre pays ? Est-ce qu'il existe des chanteurs comme K-Maro (dans votre pays) qui défendent leurs intérêts ?
5. K-Maro a lui-même été enfant de la guerre. Quels sont, d'après vous, les problèmes, mais peut-être aussi les avantages (!), d'avoir grandi comme cela ?
6. Le respect, la fraternité, l'humilité, la trahison, les promesses – Faites une interview avec plusieurs personnes (si possible avec des personnes d'origines ethniques différentes!) concernant l'importance de ces mots pour chacun. Comparez vos résultats en classe – quelle valeur est la plus importante ?
7. Rédigez une « réponse » (une lettre, un poème, une vidéo,...) pour K-Maro sur ce que vous pensez de :

a) sa chanson
b) la question de respect / fraternité, etc. ...
c) la guerre au Liban
d) d'autres aspects qui vous ont touché

3. Biographie de K-Maro 🖰

K.Maro, Cyril Kamar de son vrai nom, est né à Beyrouth au Liban le 01.01.1980. Très jeune, il subit la guerre dans son pays. Une expérience qui le touche profondément et qui a contribué à forger sa personnalité. Il a su juguler sa violence, sa rancune envers la vie et en faire une force.

Le nom *K-Maro* est un surnom dérivé de son nom de famille *Kamar*. Quand il était enfant, il y avait deux *Cyril* dans sa classe, c'est pourquoi il était appelé *Kamaro*, simplement pour le distinguer de l'autre.

Après avoir vécu quelque temps à Paris, sa famille, qui est chrétienne orthodoxe, est allée s'installer à Montréal au Québec en 1995. Encore adolescent, il découvre au Canada le R'n'B américain.

Le jeune artiste crée son groupe, *Les Messagers du Son* (LMDS), du rap 100 % commercial mâtiné de R'n'B. Très vite, ils enregistrent deux albums coup sur coup et connaissent alors un beau succès dans les charts québécois.

LMDS livre des centaines de concerts et cumule les récompenses au Canada. Le groupe est élu en 1998 « Révélation de la scène des Francophiles de Montréal » et reçoit le prix de la chanson hip-hop de l'année 1999 et celui du meilleur album hip-hop de l'année en 2000.

Mais K-Maro ne veut plus que ses idées soient représentées par tout un groupe, il se lance en solo. En 2002, il commence à réaliser son rêve et crée sa propre ligne de vêtements *Balbec* (le nom d'une ville près de son lieu d'origine au Liban) et fonde son propre label *K.Pone.Inc.* Deux ans plus tard, il sort son premier single en franglais *Femme Like U.* Il obtiendra d'ailleurs un *NRJ Music Award* pour la chanson de l'année avec ce titre. Son premier album solo, *La Good Life*, est sorti en juillet 2004.

Cet album lui ouvre les portes d'une carrière internationale, puisqu'il s'est exporté dans toute l'Europe et a récolté 10 disques d'or ! Fort de ce succès, il sort un second album explosif au son très hip hop fin 2005, Million Dollar Boy. Avec ce nouvel opus, il change de look et troque son *baggy* pour des costumes aux allures de gangster chic.

K-Maro revendique le fait de ne jamais avoir touché à la drogue. Il va jusqu'à interdire l'accès au studio aux fumeurs de cannabis.

La chanson *Les frères existent encore* se trouve sur l'album *Million dollar boy* (troisième titre), lancé en 2005. En 2006, il gagne *The International Achievement Award* du 17ème *Gala of the Society of Composers* au Canada.

Entre 2005 et 2008, il fait une pause musicale de presque trois ans. Pendant ce temps-là, il se concentre sur le développement de sa ligne de vêtements et sur la production de chansons des jeunes artistes sous son label *K.Pone.Inc.* Selon K-

Maro, aider ces jeunes musiciens à devenir des stars est encore plus satisfaisant pour lui que d'avoir du succès lui-même. Ses protégés sont, entre autres, Shy'm, Vaï et Ale Dee.

Dans son dernier album *01.10*, publié en 2010, K-Maro s'oriente vers un style beaucoup plus électronique et rétro.

K-Maro n'a pas seulement changé son style de musique pendant ses 16 années en tant que musicien, mais aussi son attitude envers la vie. Le processus de maturité se voit puissamment dans le changement de ses paroles. De l'image du *gangster* qui ne fait que la fête, entouré par plein de belles filles et avec beaucoup de *fric* (par exemple dans la vidéo de *Symphonie pour un dingue*), il s'est développé en un jeune homme responsable, respectable, producteur, qui s'occupent d'autres. Par sa musique, il a réussi à franchir l'ombre de la guerre, de la terreur, de la haine.

4. Des informations sur les pays d'origine de K-Maro

Le LIBAN

Le Liban est une république parlementaire du Proche-Orient très montagneuse, située entre deux pays : Israël au Sud et la Syrie au nord et à l'est. La capitale est Beyrouth. Le Liban est peuplé de 4 125 247 d'habitants et a une superficie de 10.452 km^2, ce qui représente 1/34 de la superficie allemande. La langue officielle est l'arabe. Mais comme le Liban était sous mandat français après la Première Guerre mondiale, le français reste très répandu au Liban, surtout parmi les chrétiens. Le Liban obtient son indépendance en 1943, pendant la Deuxième Guerre mondiale. Le pays a une riche culture et une économie très forte, de même une longue histoire, différents peuples ayant 17 religions différentes – peu surprenant que cela a mené à de nombreux conflits pendant des siècles. Les deux guerres les plus récentes, de 1970 à 1990 et en 2006, étaient non seulement des guerres multilatérales, c'est-à-dire avec d'autres pays, mais aussi des guerres civiles entre les divers groupes religieux, principalement entre les musulmans et les chrétiens. Ces guerres ont détruit une grande partie du pays et ont chassé des milliers de gens de leur maisons.

En janvier 1991, juste après la guerre qui a duré 20 ans, la famille Kamar quitte le pays pour s'installer au Québec. Cyril n'avait donc que onze ans, mais il était déjà traumatisé par les horreurs de la guerre.

Le QUÉBEC

Le Québec (/kebɛk/) est la plus grande province canadienne dont la capitale s'appelle aussi Québec. De la population totale de 8 001 000 d'habitants, 1/5 habitent à Montréal, la plus grande ville du Québec. Le mot « Québec » vient de la langue algonquine (un peuple amérindien) et signifie « là où le fleuve se rétrécit », ce terme ne dénommait que la ville de Québec au début. La superficie de cette province est 4,32 fois plus grande que l'Allemagne : 1 667 441 km^2.
Le Québec avoisine trois provinces canadiennes (Ontario, Terre-Neuve-et-Labrador et Nouveau-Brunswick) autant que quatre États du nord-est des États-Unis et partage une frontière avec quatre États du nord-est des États-Unis (New Hampshire, Vermont, Maine et New York).

De plus, le Québec possède 3% de l'eau douce renouvelable du monde, une superficie de 355 000 km^2, cela correspond presque à la superficie totale de l'Allemagne (357 000 km^2) ! Le climat au Québec varie beaucoup selon les différentes régions: quand il fait très chaud en été, les températures peuvent même atteindre les 35°C et quand il fait extrêmement froid en hiver, jusqu'à −40°C. Le Québec est aussi très connu pour son automne merveilleux grâce aux milliers d'érables qui changent de couleurs pendant cette saison. Le sirop d'érable est d'ailleurs un des produits d'export du Québec les plus répandus.

La devise du Québec est « Je me souviens »: elle signifie que les Québécois n'oublieront jamais leurs racines, leurs coutumes, bref: leur passé.

Le Québec a une histoire captivante et passionnante. Étant la seule province canadienne qui a comme seule langue officielle le français, aussi la seule province qui « *forme une nation au sein d'un Canada uni*[2] », le Québec essaye de se débarrasser de son passé : de la dépendance du Royaume-Uni au XVIIIe et au XIXe siècle jusqu'aux référendums pour l'indépendance du Canada dans la dernière partie du XXe siècle. Comme les Québécois ont une tradition tout à fait différente (en effet, française), de même que de propres institutions et le français comme langue officielle, le Québec représente en effet une nation au sein d'une autre nation. Il y a donc un mouvement séparatiste au Québec, qui souhaite l'indépendance totale du Canada et l'abolition de l'anglais au Québec. Mais comme le Québec est aussi une province très multiculturelle, ces mouvements n'ont jamais convaincu la plupart des Québécois, de tels référendums ne sont pas passés.

5. Thèmes

Le respect

La fraternité

L'humilité

La trahison

Les promesses

L'unité

L'amitié

La paix

L'amour

L'honneur

---

[2] Motion soumise par le premier ministre en 2006: http://www.parl.gc.ca/House Publications/Publication.aspx?DocId=2544166&File=0&Language=F&Mode=1&Parl=39 &Pub=hansard&Ses=1#Int-1798655

6. « À suivre » (matériel supplémentaire)

Un film sur le conflit israélo-libanais, sur le bombardement de 33 jours au Liban en 2006. Une production libanaise de Philippe Aractingi avec Catherine Deneuve : « **Sous les bombes** ».

→ Les élèves pourraient travailler sur les sujets de la violence et des guerres, comment cela détruit les peuples affectés, etc. Comment serait un monde sans violence et sans guerre ?

K-Maro parle aussi de la guerre dans plusieurs de ses chansons, p.ex. « Que Dieu me pardonne ».

« Espoir sans frontières »

Qu'est-ce que cette organisation fait et pourquoi ? Choisissez une personne / une histoire qui vous a vraiment touché et travaillez avec cela.

Vous pouvez aussi contacter « Espoir sans frontières » et demander si ou comment vous pouvez aider avec votre classe.

Un projet plus intensif sur l'artiste Cyril Kamar peut-être même s'effectuer en collaboration avec le / la professeur d'anglais : une comparaison de plusieurs chansons de K-Maro.

Pendant sa carrière musicale qui a duré quinze ans, il a écrit et produit beaucoup de chansons très différentes. Bien sûr le style de musique a changé pendant les années, mais même sur un seul album, on trouve des chansons de styles très différents. Des paroles profondes et. des paroles plus superficielles, le style de musique passe du HipHop au R&B, de la Pop au Rock, etc., et intègre parfois des éléments de la musique latino. K-Maro écrit souvent sur sa propre vie, ses expériences.

Vous trouverez les liens des chansons ci-dessous sur notre site :

« **Symphonie pour un Dingue** » (hors album)

« **Femme like you** » (album « La good life », 2004)

« **Gangsta Party** » (album « Million Dollar Boy », 2005)

« **Sous l'œil de l'ange** » (album « La good life », 2004)
« **Dirty** » (album « Million Dollar Boy », 2005)
« **All over again** » (album « Perfect Stranger », 2008 → en anglais)
« **Music** » (album « 01.10 », 2010)

→ L'histoire du *Petit Prince* d'Antoine de Saint-Exupéry raconté en québécois! Et, à la fin de la vidéo, la chanson *Les petits princes* de K-Maro – une belle combinaison. K-Maro parle des enfants dans la guerre, il leur dédie sa chanson et prie l'auditeur de « lever sa main pour ses princes de ghettos ».
→ Comparez le message de Saint-Exupéry avec le message de K-Maro. Qu'est-ce que nous pouvons faire nous-mêmes pour aider ?

THOR

MC Solaar – Les Colonies[1]

1. Chanson

Album : *Cinquième As*
Date de parution : 13 mars 2001
Label : *Warner Music*
Genre : Rap

Questions préliminaires (avant la lecture/l'écoute de la chanson)

1. Lisez le titre – Qu'en pensez-vous? Qu'est-ce qu'une colonie ?
2. Connaissez-vous des rappeurs / du rap français / sénégalais ?
3. Trouvez des informations sur l'artiste Mc Solaar (D'où vient-il ? Quel âge a-t-il ?, etc.)

[1] Antony Perz

2. Le texte

On a connu les colonies, l'anthropophage[1] économie,
La félonie[2], la traite d'esclaves, la dette, le F.M.I.[3],
Bruno, Jean-Marie, si j'cours, j'ai des raisons,
Les mêmes que les deux nègres maigres sous un avion.
Avant c'était déjà grave de voir des fers qui entravent[4],
Paysage de Gorée[5], Maison des esclaves,
Caves sans amour, sans retour ni recours,
Sans Cour de cassation[6], sans oreilles pour entendre « au secours ».
Où sont passés les baobabs[7] et les hordes de gosses
Dans cette ère de négoce où ne vivent que les big boss.
Rentabilité - instabilité – imbécilité[8]
N'ont fait qu'augmenter les taux de mortalité.
Ce sont des larmes qui coulent dans nos artères.
Psychose séculaire[9], j'ai peur quand j'entends charter[10].
Parfois je rêve de mettre un gun dans un paquet d'chips,
De braquer[11] la Banque mondiale pour tout donner aux townships[12].
C'est trop complexe. Où sont les droits de l'Homme ?
L'Homme laisse l'Homeless homeless zigzague[13] et slalome.
Donc shalom[14] à tous les gens qui ont connu la haine,
Aux enfants de Bohême, Solaar Mamadou Cohen.
En soliloque[15] je développe des antidotes[16] non-stop,
Fuck la parlotte[17] et démenotte[18] les brainlocks[19].
Je suis socio-poétique sur mike ou sur cahier
Sans brailler[20]. On n'est pas frileux[21]. Pas peur de cailler[22].

On a connu les colonies.

Par le passé, y a[23] beaucoup d'actes qui nous ont mis les nerfs[24].
Frères et sœurs, c'est l'heure du pacte pour ce millénaire.
L'enfer gère la Terre Mère, Lucifer et Faust
Entrent dans leurs têtes dans le but de refaire l'Holocauste.
J'ai vu des mecs parler de haine à la tribune
D'une façon scientifique. Élimination par l'urne !
Donc j'donne[25] la paix à ceux qui me suivent dans l'OPA.
Face à la barbarie, cela sans mea culpa[26].
Si on est là, c'est pour toujours pousser l'amour,
Pour que nos parcours, chaque jour, coupent la route aux vautours[27].
Et va pas croire cette fois qu'ce sont des bavures[28].
Je t'assure. S'ils ont la haine, on a la bravoure[29].
Une petite fille vient de naître, elle s'appelle Mélissa
Et si j'opte pour[30] le vote, c'est pour pas qu'elle vive ça.
La vie est belle petite, malgré ces quelques pitres[31].
Fin d'chapitre pour tous les gosses dès l'âge du pupitre[32].

On a connu les colonies.

[1] anthropophage : qui mange de la chair humaine, cannibale; [2] félonie : acte déloyal, trahison; [3] F.M.I. : Fonds monétaire international

[4] entraver : retenir, attacher
[5] Gorée : l'île de Gorée, située dans la baie de Dakar (Sénégal), est un lieu chargé de la mémoire de la traite d'esclaves en Afrique; [6] Cour de cassation : juridiction suprême de l'ordre judiciaire pour révoquer une décision juridictionnelle; [7] baobab : arbre typique de l'Afrique tropicale sèche et l'emblème du Sénégal; [8] imbécilité : idiotie

[9] séculaire : centenaire, qui date d'un siècle, qui dure depuis un siècle; [10] charter : (angl.) ici: avion affrété pour le transport forcé de personnes expulsées; [11] braquer : attaquer à main armée; [12] township : ici synonyme de bidonvilles
[13] zigzaguer : faire des zigzags, aller de travers, aussi: slalomer; [14] shalom : (juif) la paix

[15] le soliloque : le monologue; [16] antidote (m.) : le contrepoison; [17] parlotte :conversation insignifiante; [18] démenotter : enlever les menottes, les entraves; [19] brainlock : phénomène psychologique: un trouble anxieux caractérisé par l'apparition récurrente de pensées obsessionnelles; [20] brailler : crier fort;
[21] frileux : celui qui hésite à agir, craintif; [22] cailler : faire froid, geler;
[23] y a : fam.: il y a; [24] mettre les nerfs (à l'épreuve) : agacer

[25] j'donne : je donne
[26] mea culpa : en latin: je suis coupable

[27] le vautour : oiseau rapace qui se nourrit de charognes et de détritus; personnage dur; [28] la bavure : erreur pratique, abus;
[29] la bravoure : le courage, l'héroïsme

[30] opter pour : faire un choix, choisir
[31] pitres : personne qui fait rire, clown
[32] le pupitre : petite table à couvercle incliné, servant à écrire (pupitres d'écoliers)

Questions après la lecture/l'écoute du rap/la vidéo

1. Quels sont les sujets principaux abordés dans cette chanson ? Donnez les mots-clés !
2. Le chanteur emploie un langage riche en métaphores, références et symboles. Faites une liste de ce champ lexical et donnez les raisons pour lesquelles le chanteur les emploie! En groupe, essayez d'en expliquer le maximum.
3. Le chanteur fait souvent allusion au passé colonial de la France tout en dénonçant le présent. Repérez les éléments constitutifs de la comparaison entre passé et présent et discutez de ce qui a changé à votre avis.

Questions concernant la musique

1. Décrivez la mélodie et le son de la musique ! Est-ce que la musique contient le même message que le texte ? Qu'est-ce que cela signifie ?
2. Au long de la chanson, la voix du rappeur alterne avec des voix de femmes qui ressemblent à un chœur africain. Qu'est-ce que cela signifie ? Pourquoi le rappeur a-t-il choisi ce style ?

Questions supplémentaires

1. La relation entre la métropole et les anciennes colonies a souvent été l'objet d'une sévère critique. Révisez brièvement le chapitre du colonialisme français en vous focalisant sur la présence française en Afrique maghrébine et subsaharienne, puis reprenez la chanson dans ce contexte.
2. Pourquoi, à votre avis, est-ce que le rappeur mentionne le F.M.I. (Fonds Monétaire International) dans le contexte des colonies ? Informez-vous sur le F.M.I. et décrivez la fonction de celui-ci. Quelles sont les critiques souvent énoncés à l'égard du F.M.I. ?
3. Le chanteur, lui-même, est d'origine sénégalo-tchadienne et fait partie d'un groupe grandissant d'immigrés dans l'Hexagone. Dans quel sens, cette chanson contient-elle une certaine critique sur le modèle républicain de l'intégration « de tous ces citoyens » ?
4. Faites des rapports associatifs utilisant pour base les mots-clés identifiés dans la question après la lecture 2.
5. Qu'est-ce que le *Paysage de Gorée* ? Que s'y est-il passé ?

3. Biographie de MC Solaar

MC Solaar est le nom de scène de Claude M'Barali et est un rappeur français d'origine sénégalo-tchadienne. Il est également le meilleur vendeur de disques dans la catégorie rap français (plus de 5 millions vendus à ce jour: 2009). Claude M'Barali est né à Dakar (Sénégal) le 5 mars 1969. A l'âge de six mois, ses parents s'installent en région parisienne. Il commence à étudier au lycée français du Caire à l'âge de douze ans pendant neuf mois, puis passe son bac en France en 1988. Il teste ses premiers textes dans l'émission de Dee Nasty sur Radio Nova, tout en étudiant les langues à l'université de Jussieu. Après des études de philosophie, il sort son premier single en 1990, alors que le rap est encore assez méconnu du grand public en France : *Bouge de là*, extrait de son premier album (*Qui sème le vent récolte le tempo*), connait un franc succès dès sa sortie (disque de platine). Il change progressivement de style au cours de ses huit albums, se dirigeant du rap vers un hip-hop plus *variété*, tout en conservant les textes poétiques et originaux qui singularisent son œuvre. Mc Solaar est l'un des premiers à avoir réussi à populariser le rap en France en le faisant découvrir au grand public, notamment grâce à ses textes élaborés et nettement moins violents que ceux de ses confrères. Cette reconnaissance est même internationale puisqu'il a eu l'occasion de faire la une du *Time Magazine*. La chanson *Les colonies* se trouve sur le sixième album *Cinquième As* (2001). Solaar est reconnu comme faisant partie des piliers du rap français du début des années 1990 avec des groupes comme NTM, IAM et Assassin.

4. Le Sénégal

La République du Sénégal est un pays d'Afrique de l'Ouest. Il est situé entre l'océan Atlantique à l'ouest, la Mauritanie au nord et à l'est, le Mali à l'est et la Guinée et la Guinée-Bissau au sud. Les îles du Cap-Vert se trouvent à environ 550 km de la côte sénégalaise. Le climat du pays est tropical et sec. Sa superficie est de 196 723 km^2 et sa population totale est d'à peu près 14 millions de personnes. La langue officielle de la République du Sénégal est le français.

Les langues nationales sont le wolof, le malinké, le pulaar, le sérère, le soninké et le diola. La conquête coloniale du Sénégal commence en 1442. D'abord les Portugais se lancent dans la traite des Noirs, mais devront bientôt faire face à la concurrence des négriers britanniques, français et hollandais à travers le commerce triangulaire.
Après les Hollandais, c'est la France qui occupe en 1677 l'île de Gorée, un des principaux centres du commerce des esclaves. La ville de Saint-Louis devient capitale de l'Afrique occidentale française. Depuis le 4 avril 1960, le Sénégal est indépendant. Sa capitale est la ville de Dakar. Ici se développe à partir de 1985 le Senerap, une des variantes les plus importantes du hip-hop africain. C'est surtout par les employés des lignes aériennes que les premières cassettes hip-hop ont atteint le pays. Ainsi est née la génération hip-hop au Sénégal qui souffre surtout du manque d'argent et d'équipement. C'est MC Solaar qui, en 1992, commence à organiser des grandes fêtes hip-hop à Dakar. Ici il commence à découvrir, favoriser et soutenir quelques-uns des groupes sénégalais de hip-hop, comme *Positive Black Soul*. C'est seulement par l'intermédiaire de MC Solaar que ces groupes sénégalais ont pu avoir la possibilité de devenir des acteurs mondiaux du hip-hop.

5. Thèmes

Le colonialisme

La traite des esclaves

Le Sénégal

La critique du capitalisme

L'holocauste

L'amour

La crise économique

6. « À suivre » (matériel supplémentaire)

1. Le colonialisme français en Afrique maghrébine et sub-saharienne
2. Le système républicain de l'intégration en France
3. Le livre d'Albert Memmi *Portrait du colonisé, précédé du portrait du colonisateur* avec une préface de Jean Paul Sartre. Paris : Payot, 1973.
4. Article détaillé (en allemand) sur la Révolution du HipHop au Sénégal
5. Visite guidée en vidéo (en français) de la maison des esclaves sur l'île de Gorée
6. Bande annonce du film *Little Sénégal*

Keny Arkana - Cinquième soleil[1]

1. Chanson

Album : *Désobéissance*
Date de parution : avril 2008
Label : *Because*
Genre : Rap

Questions préliminaires (avant la lecture/l'écoute de la chanson)

1. Observez la pochette de l'album *Désobéissance* dont est tirée la chanson : décrivez ce que vous voyez et faites des hypothèses sur le contenu des chansons.
   Que signifie le terme *désobéissance* ? De quelle désobéissance peut-il s'agir ?
2. Lisez le titre de la chanson : que signifie-t-il ? Qu'est-ce que le *cinquième soleil* ? A quoi la chanteuse fait-elle référence ? Faites une recherche sur internet.
3. Ecoutez une première fois la chanson tout en regardant le clip de la vidéo, mais sans les paroles. Comment se comporte la rappeuse sur scène ?
4. Quelles sont vos premières impressions ? De quoi parle la chanson ? Qu'avez-vous compris ?

[1] Harald Nolte / Frédérique Moureaux Abu Marheil

2. Le texte

Mon espèce s'égare[1] l'esprit qui surchauffe
Les gens se détestent, la guerre des égos
XXIème siècle, cynisme et mépris
Non-respect de la Terre, folie plein les tripes[2]
Frontières, barricades, émeutes et matraques[3]
Cris et bains de sang, bombes qui éclatent
Politique de la peur, science immorale
Insurrection d'un peuple, marché des armes

Nouvel ordre mondial, fusion de terreur
L'Homme est l'animal le plus prédateur[4]
Le système pue la mort, assassin de la Vie
A tué la mémoire pour mieux tuer l'avenir
Des disquettes plein la tête, les sens nous trompent
Le troisième œil[5] ouvert car le cerveau nous ment
L'être humain s'est perdu, a oublié sa force
A oublié la lune, le soleil et l'atome

Inversion des pôles, vers la haine se dirige
A perdu la raison pour une excuse qui divise
L'égoïsme en devise, époque misérable
Haine collective contre rage viscérale[6]
Une lueur dans le cœur, une larme dans l'œil
Une prière dans la tête, une vieille douleur
Une vive rancœur[7] là où meurt le pardon
Où même la Foi prend peur, allez viens, nous partons !

Des lois faites pour le peuple et les rois tyrannisent
Confréries et business en haut de la pyramide
Ça sponsorise le sang entre chars et uzis[8]
Innocent dans un ciel aux couleurs des usines
Un silence de deuil[9], une balle perdue
Toute une famille en pleurs, un enfant abattu
Des milices de l'État, des paramilitaires
Des folies cérébrales, des peuples entiers à-terre !

Bidonvilles de misères à l'entrée des palaces
Liberté volée, synonyme de paperasse[10]
L'humanité troquée[11] contre une vie illusoire
Entre stress du matin et angoisse du soir
Des névroses plein la tête, les nerfs rompus
Caractérisent l'homme moderne bien souvent corrompu
Et quand la ville s'endort, arrive tant de fois
Une mort silencieuse, un SDF[12] dans le froid

Prison de ciment, derrière les œillères
Le combat est si long pour un peu de lumière
Les familles se déchirent et les pères se font rares
Les enfants ne rient plus, se bâtissent des remparts[13]

[1] s'égare : se perdre; ici : agir de façon négative

[2] les tripes : organes intérieurs, ici syn. pour ventre

[3] matraques : arme utilisée par la police servant à frapper

[4] prédateur : qui se nourrit de proies, d'autres animaux, donc dangereux (ici)

[5] troisième œil : métaphore mystique et ésotérique d'origine orientale qui désigne, au-delà des yeux physiques, un troisième regard, celui de la connaissance de soi

[6] viscérale : profonde, extrême

[7] rancœur : ressentiment, amertume que l'on a après une désillusion, une injustice

[8] uzis : pistolet mitrailleur israélien

[9] deuil : tristesse ressentie après le décès, la mort d'un proche

[10] paperasse : papier considéré comme inutile

[11] troquée : échangée

[12] SDF : sans domicile fixe, personne vivant dans la rue

[13] remparts : un de mur, une protection

Les mères prennent sur elles[14], un jeune sur trois en taule[15]
Toute cette merde est réelle, donc on se battra encore
C'est la malatripa[16] qui nous bouffe les tripes
Une bouteille de vodka, quelques grammes de weed[17]

Certains ne reviennent pas, le serrage est violent
Subutex[18] injecté dans une flaque de sang
Des enfants qui se battent, un coup de couteau en trop
Ce n'est plus à la baraque[19] que les mômes rentrent tôt
Ils apprennent la ruse[20] dans un verre de colère
Formatage de la rue, formatage scolaire
C'est chacun sa disquette, quand les mondes se rencontrent
C'est le choc des cultures, voire la haine de la honte !

Les barrières sont là, dans nos têtes, bien au chaud
Les plus durs craquent vite, c'est la loi du roseau[21]
Non, rien n'est rose ici, la grisaille demeure
Dans les cœurs meurtris, qui, à petit feu, meurent
Ne pleure pas ma sœur car tu portes le monde
Noble est ton cœur, crois en toi et remonte
N'écoute pas les bâtards qui voudraient te voir triste
Même Terre-mère est malade, mais Terre-mère résiste !

L'Homme s'est construit son monde, apprenti créateur
Qui a tout déréglé, sanguinaire prédateur
Babylone est bien grande, mais n'est rien dans le fond
Qu'une vulgaire mascarade au parfum d'illusions
Maitresse de nos esprits crédules[22] et naïfs
Conditionnement massif là où les nerfs sont à vif[23]
Dans la marge, c'est la rage, bastion des galériens
Ensemble, nous sommes le Monde et le système n'est rien !

Prend conscience, mon frère, reste près de ton cœur
Méfie-toi du système assassin et menteur
Eloigne-toi de la haine qui nous saute tous aux bras
Humanité humaine, seul l'Amour nous sauvera
Écoute le silence quand ton âme est en paix
La lumière s'y trouve, la lumière est rentrée
Vérité en nous-mêmes, fruit de la création
N'oublie pas ton histoire, n'oublie pas ta mission

Dernière génération à pouvoir tout changer
La vie est avec nous, n'aies pas peur du danger
Alors levons nos voix pour ne plus oublier
Bout de poussière d'étoiles, qu'attends-tu pour briller ?

[14] prennent sur elles : être responsable, endosser une responsabilité (à la place des pères); [15] en taule : en prison

[16] malatripa : néologisme à consonances espagnoles pour « avoir mal au tripes », état de malaise

[17] weed : herbe, canabis

[18] Subutex : médicament utilisé secondairement pour le traitement substitutif à la dépendance aux à certaines drogues

[19] baraque : maison (fam.)

[20] ruse : ici : l'art de survivre

[21] roseau : plante poussant au bord des lacs, des étangs, dans les lieux humides

[22] crédules : qui croit facilement ce qu'on lui raconte

[23] les nerfs sont à vif : être très énervé

Tous frères et sœurs, réformons la chaine
Car nous ne sommes qu'un, divisés dans la chair
Retrouvons la joie, l'entraide, qu'on s'élève
Une lueur suffit à faire fondre les ténèbres[24]

S'essouffle[25] ce temps, une odeur de soufre[26]
La fin se ressent, la bête[27] envoûte la foule[28]
Les symboles s'inversent, se confondent des obsèques
L'étoile qui fait tourner la roue se rapproche de notre ciel
Terre à l'agonie[29], mal-être à l'honneur
Folie, calomnie[30], peu de cœur à la bonne heure
Ignorance du bonheur, de la magie de la vie
Choqués par l'horreur et formés à la survie

L'époque, le pire, une part des conséquences
Le bien, le mal, aujourd'hui choisis ton camp !
L'être humain s'est perdu, trop centré sur l'Avoir
Les étoiles se concertent pour nous ramener sur la voie
Quadrillages ciselés dépassent la lumière[31]
Aie confiance en la vie, en la force de tes rêves
Tous un ange à l'épaule, présent si tu le cherches
Quand le cœur ne fait qu'un avec l'Esprit et le Geste !

Le Grand Jour se prépare, ne vois-tu pas les signes ?
La mort n'existe pas, c'est juste la fin d'un cycle
Cette fin se dessine, l'être humain se décime[32]
L'espoir indigo, les pléiades[33] nous désignent
Lève la tête et comprend, ressent la force en ton être
Dépasse Babylone, élucide le mystère
Rien ne se tire au sort[34], que le Ciel te bénisse[35]
Enfant du Quinto Sol[36], comprend entre les lignes.

Comprend entre les lignes,
Enfant du Quinto Sol
Le soleil est en toi
Fait briller ta lumière intérieure
Pour éclairer le chaos de leur monde
Car on n'est pas là par hasard
Les pléiades nous désignent
Lève ta tête...
Comprend entre les lignes
La Vie est grande comme ton cœur
Désobéissance...
La Vérité est en nous
Car la Solution est en nous
Parce que la Vie est en nous.

[24] ténèbres : ombre, obscurité, mort, néant
[25] S'essouffle : avoir du mal à respirer, perdre son souffle, ici : ne plus pouvoir suivre son rythme; [26] soufre : élément chimique (S) souvent associé au diable, à l'enfer; [27] bête : le diable, Satan; [28] envoûte la foule : charmer/ enchanter les gens

[29] l'agonie : moment qui précède immédiatement la mort
[30] calomnie : médisance, diffamation

[31] Quadrillages ciselés dépassent la lumière : (fig.) forces supérieures dépassant la compréhension humaine

[32] se décime : disparait
[33] pléiades : amas d'étoile, terme provenant de la mythologie grecque

[34] Rien ne se tire au sort : Rien ne se passe par hasard; [35] bénisse : appeler la protection de Dieu, sa bénédiction; [36] Quinto Sol : le cinquième soleil (référence à la mythologie/cosmologie aztèque : le Cinquième Soleil est Tonatiuh et c'est celui de notre ère, chaque ère ayant eu son propre dieu soleil)

Questions après la lecture/l'écoute du rap/la vidéo

1. Lisez les 9 premiers couplets de la chanson (jusqu'à la ligne 76) : quel est le monde que la chanteuse décrit ? Quels sont les thèmes qu'elle aborde ? Comment présente-t-elle l'être humain ?
2. Lisez ensuite le reste de la chanson. A qui s'adresse Keny Arkana ? Que leur demande-t-elle ? Où est la solution ? Expliquez son message.
3. Dans sa chanson, Keny Arkana fait beaucoup de références mystiques ou mythologiques : relevez-les et expliquez-les en vous aidant d'internet par exemple.
4. A la ligne 21, la chanteuse dit : « Les plus durs craquent vite, c'est la loi du roseau ». Elle fait ici référence à une fable connue de Jean de la Fontaine. Quelle est cette fable ? Que signifie-t-elle ? Pour Keny Arkana, qui est le roseau ?

Questions concernant la musique

1. Quelles impressions donne le début de la chanson avant que Keny Arkana ne commence à chanter ?
2. Donnez votre avis sur la voix de la chanteuse. Qu'apporte sa façon de chanter au contenu du rap ?
3. Que pouvez dire du rythme de la chanson ? Est-il toujours identique ? Y a-t-il des moments où il ralentit/accélère ? Pourquoi ?
4. La façon de chanter de Keny Arkana est-elle en accord avec le message qu'elle veut faire passer ?

Questions supplémentaires

1. Pourquoi est-ce que la rappeuse chante : « L'Homme est l'animal le plus prédateur » (ligne 11) ?
2. Observez les titres des albums de Keny Arkana (6.2.) : que pouvez-vous remarquer ? On peut classer le rap que vous avez écouté dans la catégorie des chansons engagées. Proposez à Keny Arkana d'autres thèmes sur lesquels elle pourrait écrire une autre chanson engagée.

3. Keny Arkana

Biographie de Keny Arkana

Keny Arkana est née le 20 décembre 1982 à Boulogne-Billancourt en Ile-de-France (région parisienne). Elle a vécu une enfance difficile, placée dans de nombreux foyers, notamment à Marseille – ville ayant favorisé l'essor du rap politique français. Keny Arkana a commencé à rapper ses premiers textes dès l'âge de 12 ans. Elle sort son premier album en 2006 après de nombreux titres et apparitions.

Sa discographie

Le Missile est Lancé (EP, 2004)
L'Esquisse (2005)
Entre ciment et belle étoile (2006)
La Rage (EP, 2006)
Victoria (2007)
Désobéissance (2008)
L'Esquisse (2011)

4. Des informations sur l'Argentine

Elle est fille d'immigrants argentins, ce qui explique certainement qu'elle utilise parfois des expressions en espagnol. C'est en Argentine qu'elle a tourné le clip de *Victoria* (album *Entre ciment et étoile*), chanson dans laquelle elle rend hommage à ce pays

L'Argentine est un pays d'Amérique du Sud dont la capitale est Buenos Aires et où on parle l'espagnol, mais également une vingtaine de langues autochtones Le pays est colonisé à partir du XVIème siècle les Espagnols et obtient l'indépendance en 1816 après plusieurs années de guerre. Le XXème est marqué par de nombreuses dictatures et coups d'Etats militaires. Le pays renoue avec la démocratie avec l'élection de Raul Alfonsin en 1983.

5. Thèmes

La fin du monde

La drogue

L'alcool

Les maladies

La mort

La douleur

La rage

Les armes

La guerre

La révolution

La liberté

L'espoir

L'humanité

Le ciel

La mythologie

La religion

6. « À suivre » (matériel supplémentaire)

Interview du 14 décembre 2007 avec Keny Arkana 🖱:

1. Décrivez le lieu ou l'interview se déroule.
2. Que porte de Keny Arkana sur la tête? A quoi cela vous fait-il penser ?
3. Quel est le sujet principal de la première partie de l'interview (jusqu'à 1min.16) ? Quelle est la position de Keny Arkana ?
4. Keny Arkana s'engage donc pour *La rage du peuple*. Est-ce qu'il y a des problèmes dans vos quartiers? Est-ce que vous avez des idées pour trouver des solutions?

Clip détourné 🖱

En 2007, un sympathisant du Front national a détourné le clip de *La Rage* et le morceau *Nettoyage au Kärcher* de Keny Arkana pendant la campagne électorale pour faire de la publicité pour le FN.

À ce propos, Keny Arkana a envoyé une newsletter dans laquelle elle affirme :

« Défenseuse d'une révolution du bas et anti-institutionnelle, je tiens à rappeler que je ne soutiens aucun candidat, encore moins celui du FN, et que ce clip est en parfaite contradiction avec les valeurs que j'ai toujours défendues. Je ne reste pas indifférente à ce détournement perfide et scandaleux de ma musique et de mon message, mais cela met en évidence leur stratégie éhontée de propagande qui ne manque pas de porter atteinte à mon œuvre. Le Combat Continue, Vive La Résistance ! »

Avec *Le Front de la Haine*, elle écrit aussi sa réponse en rap qui est diffusé depuis le 19 avril 2007. 🖱

Questions :

1. Qu'est-ce que le FN ?
2. Quelles sortes de manipulations pouvez-vous constater dans la vidéo détournée ?
3. Que pensez- vous de la réaction de Keny Arkana ? Est-ce qu'elle est d'accord avec le détournement ?

Trouvez-vous qu'on puisse utiliser la musique/la chanson pour des raisons politiques ? Formez deux groupes : l'un répondra par « oui », l'autre par « non ». Confrontez vos arguments.

Sniper – La France[1]

1. Chanson

Album : *Du rire aux larmes*
Sortie : 2001
Label : *Desh Music*
Genre : Rap

Question après écoute de la chanson (sans les paroles) :

1. Ecoutez et comprenez le texte ! Est-ce qu'il y a des problèmes de vocabulaire ?
2. Quels sont les thèmes dont il parle ?
3. Qu'est-ce que les chanteurs pensent de la France ?
4. Qui est-ce qui souffre et pourquoi ?
5. Selon le groupe Sniper, qui est responsable de cette situation et qu'est-ce qu'il propose ?

---

[1] Lukas Poloczek

2. Le texte

On est tous solidaires face à la merde, à la galère[1]
Sortir la tête de la misère pour que les gens nous considèrent
En tant que citoyens non en tant que chiens
La France nous ronge[2] à un point
de ne plus avoir confiance en son prochain
Législation conçue pour nous descendre
Frères derrière les barreaux[3] et maintenant
y[4] penseraient que l'on pourrait se rendre
On n'est pas dupes[5], en plus on est tous chauds
Pour mission: exterminer les ministres et les fachos,
car de nos jours, ça sert à rien de gueuler[6], de parler à des murs
A croire que le seul moyen de s'faire entendre est de brûler des voitures
Un putain de système haineux, cramer[7] mais après tout ça avance pas
et je sais que ça les arrange si on se bouffe[8] entre nous
Soi-disant démocratie aux yeux d'un peuple endormi
Les droits de l'homme franchement où ils sont passés
[Il] Faut faire en somme que ça change et que des frères cessent[9]
d'être chassés en charter[10], c'est nos frères qu'ils jartèrent[11],
Rapatriement, et maintenant la haine coule dans nos artères,
Nous faire taire, franchement, ça serait impossible quand on s'aperçoit
que la plupart du temps, c'est nous qu'ils prennent pour cible[12]

{Refrain:}
La France est une garce[13] et on s'est fait trahir
Le système, voilà ce qui nous pousse à les haïr
La haine, c'est ce qui rend nos propos vulgaires
On nique[14] la France sous une tendance de musique populaire
On est d'accord et on se moque des répressions
On se fout[15] de la république et de la liberté d'expression
Faudrait changer les lois et pouvoir voir
Bientôt à l'Élysée des Arabes et des Noirs au pouvoir

Faut que ça pète[16] ! Tu sais que le système nous marche dessus
Nous, on baisse pas la tête, on n'est pas prêts de s'avouer[17] vaincus
Des frères béton[18] tous victimes de trahison,
T'façon si y aurait pas de balance, y aurait personne en prison
La délinquance augmente même, les plus jeunes s'y mettent,
Pètent des bus, parlent de braquage[19] et à l'école ils rackettent[20]
Des rondes de flics toujours là pour nous pourrir[21] la vie
Attendent de te serrer tout seul et te font voir du pays
Emeute[22] qui explose, ça commence par interpellation[23]
Suivie de coups de bâtons et ça se finit par incarcération[24]
T'façon on se démerde[25], mec ici on survie,
Fume des substances nocives[26] pour apaiser[27] les ennuis

[1] la galère : situation difficile
[2] ronge : grignoter, manger ; ici : détruire
[3] derrière les barreaux : ici: en prison
[4] y : ils
[5] dupes :ne pas être dupe: ne pas se laisser tromper
[6] gueuler : crier
[7] cramer : brûler
[8] se bouffe : se battre
[9] cessent : arrêter
[10] en charter : avion affrété pour le transport forcé de personnes expulsées (expulsion d'immigrés en situation irrégulière);
[11] jartèrent : renvoyer; [12] cible : le but que l'on vise
[13] une garce : la prostituée
[14] nique : (vulgaire) baiser, ici au sens de se moquer
[15] se fout : se ficher, se moquer de
[16] pète : éclater avec bruit, exploser, casser
[17] s'avouer : admettre, accorder
[18] béton : verlan de *tomber*
[19] braquage : hold-up; [20] rackettent : voler
[21] pourrir : gâter, gâcher
[22] Emeute : la révolte; [23] interpellation : intervention d'un policier auprès d'un suspect pour en connaître l'identité; [24] incarcération : emprisonnement; [25] se démerde : se débrouiller; [26]

La galère n'arrange rien au contraire elle empire les choses
Si certains prennent des doses c'est pour penser à autre chose
Les frères sont armés jusqu'aux dents, tous prêts à faire la guerre
Ça va du gun jusqu'au fusil à pompe[28], pit bulls et rotweillers
A quoi ça mène, embrouilles de cité, on se tape dessus
Mais tu te mets à chialer[29] lorsque ton pote se fait tirer dessus
Encore un bicot[30] ou un négro, les babylons sont fiers,
Ça les arrangent, ce coup-là y aura pas besoin de bavure[31] policière
Frère, je lance un appel, on est là pour tout niquer
Leur laisser des traces et des séquelles[32] avant de crever.

{Refrain}

La France aux Français, tant que j'y serais, ce sera impossible
Par mesure du possible je viens cracher[33] des faits inadmissibles
A vrai dire les zincs[34] en perdent le sourire,
Obliger de courir, certains on eu le malheur de mourir
Des homicides volontaires, j'ai une pensé pour leurs mères
Blessés par un décès, bavures classées en simple faits divers
Contrôle qui part en couilles[35], des potes s'font serrer par les keufs[36]
J'ai le saïme (?) , parce que je jette des pavés sur les J9[37]
Mes potes, je les aime, c'est pour ça que je les laisserais jamais béton
même s'il y en a qui béton, tu sais, on est tous des jeunes du béton
A présent y a plus de bluffe[38], on vient dire toute la vérité
Faut leur en faire baver[39],v'la la seule chose qu'ils ont méritée
Ma parole, les gars, s'il y en a un qui se la joue vénère[40]
Si y veut s'la raconter, j'vais lui baiser sa mère
T'façon j'ai plus rien à perdre, j'aimerais les faire pendre
Non, c'est pas parce qui porte un flingue[41] qui peut penser mettre à
l'amende
La vérité est masquée, à savoir ce qui s'est passé
Le mystère des G.A.V.[42], un blème[43] qui ne pourra être démasqué
Je dédis ce texte à toute mes gardes à vue
Ils m'en on fait baver les enculés[44], mais ils ont pas tout vu.
{Refrain, x2
(...)

substances nocives : drogues; [27] apaiser :calmer

[28] fusil à pompe : arme à feu

[29] chialer : pleurer, lamenter, se plaindre

[30] bicot : insulte à l'égard des Arabes

[31] bavure : l'erreur

[32] séquelles : ici : blessures

[33] cracher : rejeter par la bouche, dire

[34] zincs : verlan contracté de « cousin » (utilisé ici dans le sens de frère)

[35] part en couilles : déraper; [36] les keufs : verlan de « flic » : agent de police;

[37] J9 : camionnette de la marque Peugeot

[38] bluffe : illusion

[39] Faut leur en faire baver : il faut qu'ils souffrent;

[40] vénère : verlan de énervé

[41] flingue : arme à feu

[42] G.A.V. : garde à vue (sous surveillance policière); [43] blème : problème

[44] les enculés : (vulgaire) enculer : sodomiser ; ici : insulte

Après la lecture des paroles

1. Quels sont les sujets principaux abordés dans cette chanson ? Relevez les mots-clés !
2. Recherchez les paroles de la Marseillaise. Comparez le texte avec *La France* de Sniper. Est-ce qu`on peut les mettre les deux textes en parallèle ?
3. Le chanteur fait souvent allusion au passé colonial de la France tout en dénonçant le présent. Repérez les éléments constitutifs de la comparaison entre passé et présent, puis discutez ce qui a changé à votre avis.

Questions concernant la musique

1. Qu`est-ce qu`il se passe pendant le refrain ? Quel en est le message ?
2. Décrivez la mélodie et le son de la musique ! Est-ce que la composition correspond au contenu du texte ?
3. Au début, on peut entendre un coq qui pousse un cri et un tir de pistolet. Comment interprétez-vous ces deux bruits ?

Questions supplémentaires

1. Qu'est-ce que veut atteindre Sniper en utilisant la violence ? Pensez-vous que cette mesure constitue une solution ?
2. Qu'est-ce qu'on peut faire pour se faire entendre sans être violent ?
3. Pensez- vous que cette chanson provoque la violence entre les personnes concernées ?
4. Décrivez la situation des *étrangers* en France et en Allemagne. Tout d'abord : de qui est-ce qu'il s'agit lorsqu'on utilise le terme *étrangers* ?
5. Est-ce que tous les jeunes ont les mêmes chances (au travail, à l'école, …) ?
6. Que feriez-vous pour améliorer la situation ?

- Imaginez que vous faites partie du gouvernement !
- Jeu de rôle : imaginez discussion entre le gouvernement et les représentants des Français ayant des origines africaines.

7. Faites des rapports associatifs en utilisant pour base les mots-clés identifiés à la question 1 !

3. Informations sur le groupe SNIPER

Sniper est un groupe de rap français originaire de Deuil-la-Barre (Val-d`Oise). Il est composé de Tunisiano (Bachir Baccour, *19 mai 1979), d'Aketo (Ryad Selmi, *30 Aout 1980) et anciennement de Blacko (Karl Appela, 5 février 1979), qui les quitta en 2007. Dj Boudj a fait partie des deux premiers albums du groupe, mais le quittera par la suite. Le 18 mars 2011, ils publient un extrait de leur nouvel album intitulé Blues de La Tess, marquant leur retour sur la scène française.

Tunisiano et Aketo (les rappeurs du morceau « La France ») sont d`origine maghrébine, Blacko est d`origine réunionaise.

La genèse de Sniper remonte à l'édition 1997 des Francofolies de La Rochelle (un festival de musique). C'est là que DJ Boudj et les rappeurs Aketo, El Tunisiano et Blacko, se rencontrent et décident de former un groupe, qu'ils appelleront tout d'abord Personnalité suspecte. Ils abrègent ensuite ce nom en persni pour finalement aboutir à Sniper.

Les trois membres forment un groupe complémentaire: Aketo et Tunisiano développent plutôt un style rap, Blacko privilégie une approche ragga/reggae, tandis que DJ Boudj s'occupe des scratchs. Leurs thèmes de prédilection, ils les trouvent dans la vie de tous les jours: le racisme, les sorties, les filles,... . Ils ne délaissent pas le rap revendicatif, mais évitent de sombrer systématiquement dans les clichés qui contribuent à enfermer le rap dans un ghetto.

Le groupe a eu des problèmes avec la justice, notamment pour les paroles de la chanson *La France*. En 2004, le ministre de l'Intérieur de cette époque, Nicolas Sarkozy a engagé des poursuites contre Sniper. Dans ce morceau, ils chantent en effet : « Pour mission : exterminer les ministres et les fachos ».. Nicolas Sarkozy les a accusés au nom de son ministère d'avoir « incité à blesser et tuer les fonctionnaires de police et représentants de l'Etat ». Ils risquaient jusqu'à cinq ans de prison et 45 000 euros d'amende. Le groupe fut relaxé par le tribunal de Rouen pour le titre *La France*. Entre-temps 250 000 exemplaires de l`album *Du rire aux larmes* avaient été vendus.

4. Des informations sur le Maghreb

Le terme Maghreb signifie en arabe « Là où le soleil se couche » et désigne la partie arabe du monde occidentale, c'est-à-dire l'Afrique du Nord. On fait la différence entre le Petit Maghreb comprenant le Maroc, l'Algérie, la Tunisie et le Grand Maghreb comprenant ces trois pays ainsi que la Lybie et la Mauritanie. En France, quand on parle des Maghrébins, on pense plutôt aux personnes originaires du Petit Maghreb.

Il existe des liens forts entre la France et le Maghreb, car cette première a colonisé le Maroc, l'Algérie et la Tunisie. Selon l'Insee[2], 16% des nouveau-nés en France entre 2006 et 2008 avaient au moins un grand-parent né au Maghreb.

5. Thèmes

Le racisme
La criminalité
Les droits de l`homme
La nation
L'ordre juridique
La violence
La police
La consommation de drogue
La délinquance juvénile

6. « À suivre » (matériel supplémentaire)

1. La déception, la colère et la violence des immigrants à l`égard de la France
2. La politique de la France vis-àvis des immigrants
3. Les films : *La haine*; *Ma 6-T va cracker* ; *Banlieue 13*
4. La délinquance juvénile

---

[2] Institut national de la statistique et des études économiques

Stromae – Le rail[1] de musique[1]

1. Chanson

Album : *Cheese*
Date de parution : juin 2010
Label : *B1* (Universal)*
Genre : Hip-Hop/Electro/Beat

Questions préliminaires (avant la lecture/l'écoute de la chanson)

1. Connaissez-vous déjà Stromae ? Connaissez-vous d'autres rappeurs français ou d'autres raps français ?
2. Lisez le titre - qu'en pensez-vous ? Que signifie-t-il ?
3. Trouvez des informations sur Stromae (D'où vient-il ? Quel âge a-t-il ? Depuis quelle année fait-t-il de la musique/du rap ? Quelles langues parle-t-il ?, etc.).
4. Connaissez-vous les pays d'origines de Stromae/ de sa famille ? Qu'est-ce que vous savez sur la Belgique et sur Rwanda ?

---

[1] Lisa Damme

2. Le texte

Tous les matins
Je prends un bol de musique
Et une tasse aussi
Ensuite j'enfile[2] une partition[3]
Et je ferme ces boutons en la la[4] do[5] si si [6]
Je me dépêche[7]
Sinon je serai en retard
Donc je termine et je file en bas[8]
Je saute dans ma caisse[9] à infra-basses[10]
Et je roule à une vitesse de 100 000 watts[11].
Je fuis, j'arrive, je bosse[12] et
je mixe des coups de fil[13]
J'écris, compose et
Répond à mes mails-odies[14]
Ensuite je me nourris du son
Dans ma boîte à rythmes[15]
C'est la pause, celle de midi
Et c'est l'heure de la mu-mu-musique

Ouais c'est ma cloppe[16], mon shit,
Ma dose[17], ma wheed
Ma coke, mon speed[18]
Mon crack
Ma musique (4 X)

Tous les après-midis
J'reprends une tasse tout d'suite.
Je fais comme si
J'envoyais des mails et des mails
Et des mail-odies.
Pour que le temps passe vite,
Mais il ralentit[19],
Mon métronome me le dit,
Mais c'est ma tête qui le pense
Ou bien qui le crie,
Qu'elle est pressée[20] d'être repartie[21].

Mais cette fois-là,
Pédale à fond, en vain[22],
Ce sont les bouchons[23]
Qui marquent le tempo
Au rythme des claxons[24]
Et dans le fond, une chanson
Qui rappelle le silence
D'un soleil en decrescendo[25],
En crescendo demain.

J'espère qu'je m'lèverai tôt
Pour que j'obtienne ma dose
Que je m'injecte un micro

[1] un rail : en référence au « rail de coke », manière de consommer de la cocaïne

[2] enfiler : ici prendre, boire (s'enfiler un verre); [3] une partition : notation d'une composition musicale → enfiler une partition – lire(, créer ?) une partition; [4] la la : la sixième note de la gamme; [5] le do : la première note de la gamme naturelle; [6] le si : la septième note de la gamme d'ut; [7] se dépêcher : se hâter, faire vite; [8] filer en bas : descendre; [9] la caisse : la voiture / possibilité ici : le tambour (grosse caisse); [10] les basses : sons que rendent les grosses cordes de certains instruments → la caisse à infra-basse – la voiture à musique (mot-valise); [11] watt : unité de puissance électrique; [12] bosser : travailler;
[13] coups de fil : la communication téléphonique
[14] mails-odies : mot-valise composé des mots mél/mails et mélodie

[15] boîte à rythmes : Beatbox

[16] la cloppe : la cigarette
[17] la dose : la quantité d'un médicament, ici : la quantité d'une drogue
[18] wheed/coke/speed : syn. de drogue

[19] ralentir : rendre plus lent (un mouvement, une progression, un véhicule)

[20] être pressé : se dépêcher, faire vite; [21] repartir : partir à nouveau

[22] en vain : sans succès
[23] le bouchon : l'encombrement de voitures qui arrête la circulation

[24] le claxon (le klaxon) : l'avertisseur très sonore d'une voiture

[25] decrescendo : en diminuant progressivement l'intensité d'un son ; en décroissant

Que j'en sois accro[26]
Et que j'en crève[27]
Parce que je m'lèverai tôt
Et je m'injecterai ma dose
De micros, d'overproses[28]
Jusqu'à c'qu'ils soient mes rêves (écho)
Jusqu'à c'qu'ils soient mes rêves (écho)
Jusqu'à c'qu'ils soient mes rêves (écho)

Refrain

[26] être accro : du verbe « accrocher » ; être dépendant de qc., ici : avoir besoin des drogues; [27] crever : mourir

[28] overprose : mot-valise formé du mot anglais over et du terme la prose. Overprose/overdose

Questions après la lecture/l'écoute du rap/la vidéo

1. Ecoutez et comprenez le texte ! Est-ce qu'il y a des questions concernant le vocabulaire ?
2. Faites un *mind-map* sur la chanson, après avoir pris des notes.
3. Quels sont les thèmes qui sont cités dans le texte ? Donnez les mots-clés/des citations.
4. Stromae chante/parle en anglais et en français dans le clip. Trouvez les passages en anglais et traduisez-les en français. Pourquoi passe-t-il à l'anglais ?
5. Comment Stromae se présente-t-il ? Est-ce-qu' il joue un rôle ? Qu'est-ce que vous pensez sur sa façon d'être ?
6. Est-ce-qu' il porte les vêtements typiques d'un rappeur ? Pourquoi pas ? Comment s'habille-t-il et pourquoi ?
7. Est-ce qu'il mélange les styles de musique dans le rap ? Pourquoi ?
8. Pourquoi fait-t-il des 'leçons de musique' – qu'est-ce que vous pensez ? Pourquoi dans un studio d'enregistrement ?
9. Citez le passage du texte où il dit que la musique est son travail.
10. Il explique que la musique est son travail – de quelle manière ? Est-ce qu'il utilise des métaphores ou d'autres moyens stylistiques ? Citez-les !
11. Qu'est-ce qu'un « bol de musique »/ « la caisse à infra-basses »/ « des mail-odies »/ une « overprose » ?
12. Est-ce qu'il explique que la musique est comme une drogue pour lui ? Où et comment explique-t-il cet aspect ? Citez les passages et les moyens stylistiques qu'il utilise !

Questions concernant la musique

1. Concentrez-vous seulement sur la mélodie du rap ! Quels sentiments/ Quelles idées évoque-t-elle pour vous/ les auditeurs ? Que pensez- vous en écoutant cette musique ? Quelle est l'ambiance de cette chanson ?
2. Est-ce que le rap ressemble au rap en général ? Pourquoi ? Pourquoi pas ?
3. Quelles sont les différences par rapport aux autres raps ?

4. Comparez le rap de Stromae avec les raps d'autres rappeurs comme Sniper (*La France*), Bisso na Bisso (*Après la guerre*) ou avec d'autres chansons de Stromae.
5. Faites attention à la voix du/des chanteur(s), à la musique d'accompagnement (Quels instruments ? Quel registre ? Y a-t-il des chœurs ?, etc.). Qu'est-ce que vous remarquez ?
6. En quoi la vidéo de Stromae se distingue-t-elle des vidéos des autres rappeurs ? Pourquoi ?
7. Recherchez les prix qu'il a gagnés. Pour quelle raison a-t-il gagné ces prix ?

Questions supplémentaires

1. Quelle est l'idéologie de Stromae ? Comment voit-t-il le monde ?/ Comment voit-t-il sa vie ? (mot-clés : réalisme, vraie vie)
2. Quelle est importance de la musique pour Stromae ?
3. Il se présente comme compositeur, parolier et producteur – de quelle manière ? - Pourquoi ?
4. Le site officiel de Stromae : comment est-t-il présenté ? Comment Stromae se présente-t-il ? Pourquoi ?
5. Quelle importance ont la prose et les rimes pour lui ? Est-ce qu'elles présentent une qualité littéraire ? Donnez des explications/citations !
6. Faites une interprétation de cette citation : « [...] sa musique parle de son travail, son ennui, ses combats, il y parle d'amour, de violences conjugales, de sa vie et de celle qui lui reste à vivre. Sa poésie est dotée d'une cruauté urbaine, mais son message reste positif ». – Comparez la citation avec le rap *Le rail de musique* de Stromae ! Où peut-on remarquer la «cruauté urbaine»? Donnez des mots-clés !
7. Faites une interprétation de cette citation : « Tout l'art de Stromae est comme une image, qui repose sur la profondeur de champ et la composition. Toute création émanant d'une réflexion, c'est elle qu'il évoque dans la plupart de ses textes. Son album nous immerge dans un flux de mélodies entraînantes et nous laisse à méditer sur un flow incisif ».

8. D'après vous, quels sont les avantages et les problèmes/ inconvénients d'avoir grandi avec la nationalité africaine et la nationalité belge? Qu'est-ce que Stromae explique sur le fait d'avoir deux nationalités ?
9. Quel accessoire/ vêtement peut-on souvent remarquer ? Pourquoi ? – Qu'est-ce que vous pensez ?
10. Qu'est-ce que pensez/remarquez : Stromae – le *Maestro*?
11. Faites une réponse (une vidéo, une lettre, un poème...) pour Stromae sur ce que vous pensez de son rap (du contenu)/ de son style de rap/ de sa manière de s'habiller/ de sa manière de s'exprimer (les métaphores, etc.) ou d'autres aspects qui vous touchent !
12. Ecrivez une petite histoire/Faites un BD sur la vie du protagoniste Stromae !
13. Qu'aimeriez-vous dire à Stromae : pourquoi vous aimez sa musique/ pourquoi pas, etc. Ecrivez-lui !
14. Regardez la vidéo du premier hit *Alors on danse* Faites une interprétation de ce que vous voyez ! Qu'est-ce que vous remarquez ?
15. Regardez le *Making of* de la chanson *Alors on danse* Imaginez que vous êtes un grand compositeur – Ecrivez une lettre ou un e-mail à Stromae où vous donnez votre opinion sur la vidéo !
16. Allez voir Stromae sur *facebook* et échangez vos idées sur Stromae avec vos copains et avec vos camarades de classe ! Imaginez que vous et votre classe voudriez organiser une conférence de presse : Comment organisez-vous la conférence ? Considérez en groupe les questions que vous voulez poser à Stromae !

3. Stromae

Sa biographie

Stromae, pseudonyme correspondant à *maestro* en verlan, est né en 1985 à Bruxelles et s'appelle en réalité Paul Van Haver. D'origine belgo-rwandaise, il s'intéresse très tôt à la musique et tout particulièrement au rap à partir de 2000, où il fait ses débuts. Il se fait connaitre en 2005 avec la chanson et le clip de *Faut k't'arrête le Rap* qu'il compose avec un autre rappeur J.E.D.I. Malgré leur succès, ce dernier décide de quitter le groupe et c'est ainsi que la carrière en solo de Stromae commence. Tout en travaillant pour financer ses études, il compose des chansons et diffuse des vidéos en streaming où il explique ses créations musicales sous forme de leçons appelées *Les leçons de Stromae*. C'est en 2010 qu'il se fera vraiment connaitre du grand public avec *Alors on danse* (composée avec Kanye West).

Sa discographie

Album :
Cheese (2010)
Maxis :
Juste un cerveau, un flow, un fond et un mic… (2007)
Singles :
Alors on danse/ Up Saw Liz (2009)
Te Quiero/ House'llelujah/ Silence (2010)

4. Des informations sur les pays d'origine de Stromae

La Belgique 🖰

La Belgique est officiellement appelée Royaume de Belgique.

- La Belgique se situe dans l'Europe de l'ouest.
- La Belgique est entourée par les Pays-Bas, l'Allemagne, le Luxembourg, la France au sud-ouest et la mer du Nord
- La Belgique fait 30 528 kilomètres carrés
- Sa capitale est Bruxelles et compte 1,1 millions d'habitants.
- C'est une monarchie constitutionnelle et parlementaire dont le roi actuel est Albert II, sixième roi des Belges et le chef du gouvernement Elio Di Rupo.

- La Belgique est un État fédéral depuis 1993 ; qui se compose de communautés et de régions. La Belgique comprend trois communautés: française, flamande et germanophone. La Belgique comprend trois régions : wallonne, flamande et bruxelloise. La Belgique comprend quatre régions linguistiques : la région de langue française, la région de langue néerlandaise, la région bilingue de Bruxelles-Capitale et la région de langue allemande.

Culture : par exemple l'art flamand et le surréalisme avec René Magritte ; ses bandes dessinées *Tintin et Milou*, *Lucky Luke*, les *Schtroumpfs* ; ses 400 bières ; son chocolat et ses confiseries, …

Des informations sur Ruanda 🖰

Le Ruanda ou **Rwanda**, officiellement **République du Rwanda**, est surnommé le « *pays des mille collines* » et est un pays d'Afrique centrale.

- Il partage ses frontières avec, au nord, l'Ouganda, à l'est, la Tanzanie, au sud, le Burundi, et à l'ouest, la République démocratique du Congo.
- Sa capitale Kigali est située au centre du pays. Les Rwandais parlent le kinyarwanda, ainsi que l'anglais et le français.
- Le pays compte environ 10 millions d'habitants, 85 % de *Hutus*, 14 % de *Tutsis* et 1 % de *Twas*
- Il s'agit d'une république de type présidentiel dont le chef de l'Etat est Dr. h. c. Paul Kagame

Culture: la culture traditionnelle rwandaise est liée à celle des populations de l'Afrique des grands lacs. Depuis la colonisation, les vêtements occidentaux se sont répandus. Malgré tout, le pagne en coton reste un lien très important pour les femmes entre la tradition et la modernité. En plus, la culture traditionnelle est marquée par la colonisation allemande puis belge (1894 – 1961), par les églises chrétiennes et par le génocide de 1994.

5. Thèmes

La musique/ les instruments de musique
Le travail
Les drogues
La circulation
La prose
Les rêves
Le son des années 90
La (vraie) vie
L'addiction/la dépendance
La mort
L'emploi du temps
Le moment
La vitesse
La bousculade
La fuite
L'arrivé

6. « À suivre » (matériel supplémentaire)

1. Dans la vidéo « *Tout le monde en parle - Stromae* » on aperçoit le terme *la Francophonie* ! Que savez -vous sur *la Francophonie* et son importance ?
2. Le film « Schatten über dem Kongo – Schreckensgeister der Kolonialherrschaft »
   - Date de parution : 27 janvier 2012 (production : 2009)
   - Metteur en scène : Pippa Scott
   - Langues : allemand, anglais
   - Contenu: En 1885, la Conférence de Berlin livre le Congo au roi des Belges Léopold II. C'est ainsi que commença l'exploitation intensive des richesses du pays, qui eut des conséquences terribles sur les populations congolaises autochtones et coûta la vie à environ 10

millions de personnes. Ce film est une adaptation cinématographique du livre du même nom écrit par Adam Hochschild. La réalisatrice Pippa Scott en a fait un documentaire très émouvant et mettant en avant les causes de nombreux problèmes propres au continent africain.

- Suggestion pour l'enseignement/mots clés :

L'histoire de Kinshasa, capitale du Congo, qui faisait partie du royaume de Belgique

Relation historique Belgique – Congo/Afrique ?

La surexploitation du Congo, la tyrannie et la violence du roi belge Léopold II.

3. Histoire de la République démocratique du Congo (en allemand)

Vous trouverez d'autres liens intéressants (chansons ou autres) sur notre site

Tandem – 93 Hardcore[1]

1. Chanson

Album : *C'est toujours pour ceux qui savent*
Date de parution : 2005
Label : *Because Music*
Genre : Rap/Hip Hop

Questions préliminaire :
Ecoutez et comprenez le texte. Est-ce qu'il y a des questions concernant le vocabulaire ?

[1] Tobias Strunz

2. Le texte

REFRAIN :

Tout le monde veut s'allumer[1], tout le monde veut se la mettre[2]
C'est la fin des haricots[3], il n'y a plus de lové[4]...
93[5] hardcore
Levez les bras si vous êtes forts
Ma banlieue nord veut des gros sous[6], pourtant nos mains sont dans la boue...
Tout le monde veut s'allumer, tout le monde veut se la mettre
C'est la fin des haricots, il n'y a plus de lové...
93 hardcore
Levez les bras si vous êtes fort...

[1] s'allumer : *« einen drauf machen »;* [2] se la mettre : boire beaucoup d'alcool; C'est la fin des haricots [3] : C'est la fin de tout, la fin du monde; [4] lové : mot d'origine romani qui désigne l'argent; [5] 93 : chiffres du département Seine-Saint-Denis (banlieue au nord de Paris); [6] des gros sous : beaucoup d'argent

MAC TYER :

Dans mon 93, gros, on est trop dans les dièses[7]
Quand on baise c'est des putes à cent feuilles[8] pas nos cinq doigts[9]
Département du bonchar[10], on veut s'en mettre plein les fouilles[11]
Mais, petit, je te l'ai dit cent fois, personne n'est sans faille[12]

Lucifer t'es trop bonne, viens que l'on s'envoie en l'air[13]
Infidèle, Madame misère est trop frêle[14] et beaucoup trop laide
Pour que l'on s'entraide, il faut du profit, frelo[15], pour qu'on reste au beau fixe[16]
Il faudrait moins d'flingues[17] et plus de fric[18]

[7] dans les dièses : en argot des banlieues: plan, bon coup (deal de drogue, vol, etc.); [8] des putes à cent feuilles : des prostituées chères; [9] cinq doigts : allusion à la masturbation; [10] bonchar : verlan de : charbon, ici: travail; [11] s'en mettre plein les fouilles : pop : gagner beaucoup d'argent; [12] sans faille : sans un point faible, sans défaut; [13] s'envoie en l'air : coucher avec qn; [14] frêle :faible, fragile; [15] frelo : argot : frère
[16] reste au beau fixe : rester de bonne humeur
[17] d'flingues : armes à feu, revolvers; [18] fric : argent

Carcéral vécu chez moi, il n y a pas de sécu[19] rien qu'on nous persécute
Mais tu vas perdre face à **Belzébuth**
Si t' as fais de belles études c'est mieux qu'une grosse peine[20] sais-tu
Que faire du bitume[21], c'est voir des frères qui s'entubent[22] ou qui s'entretuent

[19] sécu : pas Sécurité sociale (*Krankenversicherung*)

[20] grosse peine : de prison
[21] faire du bitume : le bitume *Asphalt, Trottoir* ; traîner, glander dans les ruses; [22] s'entubent : consommer des drogues (l'héroïne)

Enculé, moi j'ai grillé[23] ton plan macabre
Plus de jeunes à la morgue[24], ça fait moins de jeunes à la barre[25]
La vie que j'ai, tu la connais par cœur, vu que c'est partout la même
J'baiserai la France jusqu'à ce qu'elle m'aime

[23] grillé : ici: comprendre
[24] à la morgue : lieu où sont déposés les cadavres;
[25] à la barre : au tribunal

Même condamné on sort en condi[26], on trouve des combines[27]
On est combien à vouloir compter des celias[28] par centaines
On vit sans paix, trop de peine, vas-y, garde la pêche[29]
Trop de pères en babouches[30] regardent leurs fils tomber à Boboche[31]

Les poches vides, on abat les traîtres, on bat les cartes de nos vies
En bas de la tèce Seine Saint Denis fallait pas teste
Que des cadavres devant les barres[32] et de gueuches[33] un peu tout part
Tu flippes[34], mais c'est mon 93 tout ça

C'est des mecs morts soûls, des becs à nourrir sans un kopek[35]
Les decks[36] sont vraiment sans respect mais j'emmerde les teurinspects[37]

[26] sort en condi : en conditionnelle: être relaxé de prison pour une période d'essai; [27] combines : moyens, astuces pour arriver á ses fins, à son but; [28] des celias : liasses de billets, de l'argent; [29] garde la pêche : rester de bonne humeur; [30] Trop de pères en babouches : chaussure en cuir traditionnelle provenant du monde arabo-musulman;
[31] Boboche : Bobigny, préfecture de Seine-Saint-Denis où se trouve le palais de justice); [32] devant les barres : les grands immeubles; [33] gueuches : drogués, toxicomanes; [34] flippes : avoir peur
[35] un kopek : de l'argent; [36] decks : policiers; [37] j'emmerde les teurinspects : embêter les inspecteurs

Ici personne n'est vierge, comme nos casiers judiciaires[38]
Imbécile, tu ne fais qu'une mère déçue quand tu niques la justice

(verlan); [38] nos casiers judiciaires : *Strafregister*

Gros, la rue n'est qu'un cercueil ambulant
Il suffit d'un coup de feu pour qu'on appelle l'ambulance
Ouragan de violence[39] pour un peu d'opulence[40] je n'en peux plus
Mais dis pas où tu planques ton coffre[41] ou je te sortirais mon gun…

[39] Ouragan de violence : beaucoup de violence; [40] d'opulence : richesse; [41] planques ton coffre : où tu caches ton argent

REFRAIN

MAC KREGOR :

Dans mon 93 rien que ça marche qu'à la testostérone
Allez viens, goûte au sérum,
si tu t'débines[42], on t'dérobe[43]
si tu rechignes[44], protège ton sternum[45]
On est tous des hommes et tu ne pourras rien y faire
Je viens de là où si t'es faible, c'est à coups de barre de fer qu'on t'traite

[42] t'débines : s'enfuir; [43] t'dérobe : *berauben*
[44] rechignes : refuser de faire qc; [45] sternum : *Brustbein*

Paranoïaque juvénile, on s'endurcit parmi les impulsifs
On ne prend pas de raccourcis[46] vu qu'ils peuvent réduire ton espérance de vie
On rêve tous de tires[47] à quarante millions de dollars
Et de pouf[48] coopératrice qui n'aura sûrement pas son mot à dire

[46] raccourcis : *Abkürzung, Kurzfassung*
[47] tires : argot : automobile
[48] pouf : argot : femme (péjoratif)

Alors, pour y parvenir tous les moyens sont bons,
Dans cette course aux biftons[49], faut pas ralentir avant que tu puisses un jour t'amortir[50],
T'imagines bien que dans mon neuf trois, on sait y faire
Que ce soit dans le sport ou le tertère[51], dis-toi qu'on te nique ta mère...

[49] course aux biftons : faire des efforts pour obtenir de l'argent; [50] t'amortir : ne plus avoir de dettes
[51] tertère : tertaire? secteur tertiaire

On est tous fiers au bas de nos tours[52] mais ce bâtard veut nous foutre au trou[53]
Alors comment son petit va pécho son bout,
On est pertinemment conscient de tous nos échecs scolaires
Mais tout serait différent si la Sorbonne serait domiciliée à Auber[54]...

[52] tours : ici: grands immeubles
[53] foutre au trou : mettre en prison
[54] Auber : Auber(villiers) banlieue de Paris qui pose beaucoup de problèmes

Mais non, putain de merde tu voulais me la mettre à long terme
Viens faire un tour dans mon neuf trois si tu l'aimes tellement !
Là où les montagnes de coke[55] viennent droit de la Colombie
Là où les zombies sont plus présents qu'en Haïti ; qu'elle est hardcore cette vie !

[55] coke : abréviation de « la cocaïne »

Mais je l'aime à mort cette pute
Peut-tu te permettre d'être abattu[56] sans que t'aies pris une thune[57] ? A mort la vertu !
En tant que vacataire et acteur actif de mes déboires
J'ai eu trop peur qu'il ait fallut que je me mette à boire ...

[56] abattu : tué avec une arme à feu; [57] thune : argent

Toujours pas disque d'or mais toujours trop de choses à dire, trop de choses à fuir
Que je ne dors même plus quand je dors
T'as vu dans mon département, c'est comme partout
Y a des fils qui virent mal et des filles qui finissent dans des boites à partouzes[58],

[58] boites à partouzes : un bordel

Heureusement que ce n'est pas général, y a aussi des gens qui taffent[59]
Des petits frères qui mettent des baffes[60] au bac et des noiches[61] qui taffent au black[62]
93 hardcore, levez les bras si vous êtes fort
C'est pour ceux qui écoutent aux portes et ceux qui ne mangent pas de porc.

[59] taffent : arg. : travailler
[60] mettent des baffes : *jmdm. eine « kleben »* – hier : mettre des baffes au bac (*das Abi schaffen*); [61] noiches : verlan : les chinois; [62] taffent au black : travailler au noir, illégalement

Questions après la lecture/l'écoute du rap/la vidéo

1. Quels sont les thèmes dont ils parlent ? Donnez les mots-clés !
2. Le refrain a-t-il un message récapitulatif compte tenu du rap et de son contenu ?
3. Les jeunes ont- ils tous les mêmes chances (trouver un travail, à l'école, etc..) ?
4. Mak Tyer : Décrivez le point de vue qu'il a concernant sa situation dans le premier passage du texte !
5. Mak Kregor : Décrivez ses sentiments concernant la misère dans le 93 !

Questions concernant la musique

1. Quel est la phrase centrale du rap ? Elle est soulignée par une interruption de la musique. Regardez aussi les t-shirt dans la vidéo ! Qu'est-ce que les jeunes veulent exprimer par cette phrase ?
2. Est-ce qu'il y a une contradiction entre la musique et le contenu du texte ? Comment expliquez-vous ce contraste ?
3. Que signifient les bruits comme la façon de rire, de glousser et de crier ?
4. Pourquoi, d'après vous, un groupe ayant ses origines en Afrique utilise des éléments de la musique classique européenne ?

Questions supplémentaires

1. Décrivez la situation des jeunes dans la banlieue du 93 !
2. Quels sont les problèmes les plus graves ? Quelles sont leurs revendications ?
3. Est-ce que Mak Tyer& Mak Gregor proposent des solutions concernant tous ces problèmes ? Si ce n'est pas le cas, avez-vous des idées pour améliorer la situation ?
4. La misère entraine-t-elle la consommation de drogues ?
5. Quelles sont les conséquences pour l'avenir des familles ? Pensez-vous que les nouveau-nés/la génération suivante auront/aura de meilleures conditions de vie ?
6. Connaissez-vous des villes en Allemagne ou dans d'autres pays européens qui ont les mêmes problèmes dans les banlieues ?
7. Faites des rapports associatifs en utilisant pour base les mots-clés identifiés dans la question après la lecture 1. !

3. A propos de Tandem

Tandem est un groupe de rap originaire du département Seine-Saint-Denis au nord-est de Paris. Il est composé de Mac Tyer (alias Socrate Petnga d'origine camerounaise) et de Mac Kregor (alias Makenzy Guerrier d'origine haïtienne). Les deux sont nés à Seine-Saint-Denis.

La chanson *93 Hardcore* est le premier titre de l'album *C'est toujours pour ceux qui savent*, sorti en janvier 2005.

Pour approfondir :
Le nom « tandem » est d'origine latine et signifie « enfin ». Au fur et à mesure, on a utilisé ce terme pour désigner différents véhicules, premièrement pour les hippomobiles constitués d'une double colonne de chevaux, puis pour les cabriolets à deux chevaux attelés en flèche. Aujourd'hui, un « tandem » désigne une bicyclette à deux places où les deux cyclistes pédalent à la même cadence. Pour le groupe, le nom exprime le travail en équipe des deux rappeurs.

4. Des informations civilisationnelles

A propos du contexte de l'année 2005

Le rap *93 Hardcore* est sorti début janvier 2005. Quelques mois plus tard, il y a eu dans les banlieues de grands tumultes durant trois semaines. Les émeutes de 2005 dans les banlieues françaises sont des violences urbaines qui ont commencé à Clichy-sous-Bois le 27 octobre 2005, puis se sont répandues dans un grand nombre de banlieues à travers toute la France. Deux jours avant, le ministre de l'Intérieur, Nicolas Sarkozy, avait qualifié les jeunes de banlieue de « bande de racailles », ce qui avait déjà soulevé une vive polémique.

Les trois semaines de violence urbaine restent les plus importantes agitations en France depuis mai 1968. Quatre objectifs ont principalement été visés durant ces évènements : les forces de l'ordre, les transports publics (bus, aubettes, etc.), les zones franches (zones industrielles ou commerciales censées embaucher prioritairement dans les quartiers dits populaires), ainsi que les représentants de l'Éducation nationale. On a brulé, en plus, des milliers de voitures.

→**Tâche** : Informez-vous sur les émeutes de 2005, leurs dimensions, les revendications des émeutiers, etc., et présentez vos résultats à la classe. Quelle relation voyez-vous avec le rap *93 hardcore* ?

La délinquance juvénile en France

En France, comme en Allemagne, un tiers des délits sont commis par des mineurs. Pour suivre sa méthode de dissuasion, Nicolas Sarkozy impose un clair renforcement du droit pénal des délinquants mineurs, trois mois après son élection en mai 2007. Ce renforcement prévoit des punitions plus sévères pour les adolescents qui commettent de graves délits. Aujourd'hui, il y a différents établissements pour les délinquants juvéniles :

- **Les Établissements pénitentiaires pour mineurs (EMP)**

Ce sont des établissements réservés aux mineurs de 13 à 18 ans. Ils offrent aux juges un moyen supplémentaire de peine, en plus des CEF et de la liberté surveillée. Comme il y a eu des cas de suicide, les critiques dénoncent ces établissements comme lieux de violence physique et sociale. Des voix insistent sur le fait qu'il s'agit de réponses inadaptées au problème de la délinquance juvénile, les réponses adaptées seraient à chercher non en prison, mais par le travail en milieu ouvert et par la prévention.

- **Les Centres éducatifs fermés (CEF)**

Les CEF s'adressent aux mineurs « multirécidivistes », c'est-à-dire aux jeunes qui ont déjà commis plusieurs délits graves. Ils sont toujours proposés après l'échec de mesures éducatives. Les jeunes y sont pris en charge pour une période de six mois, renouvelable une fois.

→**Tâche** : Que pensez-vous de ces centres et établissements ? Servent-ils à réduire la délinquance juvénile ? Quels moyens vous paraissent adéquats pour lutter contre elle ?

5. Thèmes

Le désespoir, l'ennui

Les pensées suicidaires

Le manque d'argent, l'aspiration à la richesse

Les symboles de réussite sociale (les voitures chères)

Les mauvais coups, la délinquance, le vol

Les conflits avec la police, la prison, les procédures judiciaires

La prostitution, le sexe

La misère

L'usage d'armes à feu, les actes de violence

La solidarité

La toxicomanie, l'alcoolisme

La rue comme lieu dangereux

La virilité, l'hégémonie des hommes

L'échec scolaire

La religion, l'alimentation musulmane

Thèmes/Lieux/Images/Institutions dans la vidéo :

Les HLM

Les immigrés

Des voitures brulées

La police

Le sport, la boxe

La rue, la circulation

Le palais de justice

La maison d'arrêt

Le tribunal de grande instance

L'argent

Les véhicules motorisés

Les clochards / les toxicomanes

La dévastation

La violence physique contre les autres

L'usage d'armes à feu

Les combats de chiens

L'alcool

Le vol de voitures chères

Nicolas Sarkozy

L'ASSEDIC de la Seine Saint Denis (inscription des demandeurs d'emploi)

Un supermarché « Mac Halal » (alimentation musulmane, Halâl= permis par la religion)

Communes/Villes françaises présentes dans la vidéo (toutes dans le département de Seine-Saint-Denis):

Bobigny, La Courneuve, Saint Denis, Villepinte (maison d'arrêt), Épinay-sur-Seine, Aulnay-sous-Bois, Aubervilliers, Montfermeil, Sevran, Clichy-sous-Bois, Bagnolet, Drancy, Bondy, Rosny-sous-Bois, Montreuil

6. « À suivre » (matériel supplémentaire)

Pistes supplémentaires de réflexion :

1. La banlieue comme lieu d'exclusion sociale et quartier chaud
2. La consommation de drogues pour refouler des problèmes
3. L'éducation fondamentale comme une condition essentielle pour lutter contre la misère

Films pour approfondir :

Mathieu Kassovitz : La Haine (1995) – La vie en banlieue parisienne

→ Démarche et matériel à utiliser en cours de langue

Philippe Triboit : L'Embrasement (2006) – Film sur les émeutes de 2005

→ un dossier sur Arte

Laurent Cantet : Entre les murs (2008) – systèmes scolaire français et problèmes des banlieues

→ Informations de fond sur les banlieues parisiennes, sur le système scolaire français et matériel complémentaire sur le film

Die Autoren

Rafael Cano García, Studienreferendar am Gymnasium Philippinum Weilburg und Hilfskraft am Lehrstuhl für die Didaktik der Romanischen Sprachen von Prof. Dr. Manfred Prinz (Gießen); 2012: Wissenschaftliche Examensarbeit zum Thema „Musik im Fremdsprachenunterricht".

Juliane Lensch, Wissenschaftliche Mitarbeiterin am Institut für Musikwissenschaft an der Justus-Liebig-Universität Gießen mit Schwerpunkten „Musik und Religion", „Musik und Sprachenlernen" sowie „Musik peripherer Gruppen".

Frédérique Moureaux-Abu Marheil arbeitet seit zehn Jahren als Fremdsprachenlektorin für Französisch im Institut für Romanistik der Justus-Liebig-Universität Gießen.

Harald Nolte, Lehrer im Vorbereitungsdienst an der Geschwister-Scholl-Realschule in Altenwalde und Hilfskraft am Lehrstuhl für die Didaktik der Romanischen Sprachen von Prof. Dr. Manfred Prinz (Gießen) bis 2013. 2012: Wissenschaftliche Examensarbeit zum Thema „Exclusion und Autoexclusion als jugendkulturelle Konstanten am Beispiel des frankophonen Rap".

Manfred F. Prinz, Professur für Didaktik der Romanischen Sprachen und Literaturen an der Justus-Liebig-Universität, Gießen.

Christophe Schaumburg, Agrégé d'allemand, Lektor für Französisch, Justus-Liebig-Universität Gießen.

Romanische Sprachen und ihre Didaktik (RomSD)

Herausgegeben von Michael Frings, Andre Klump & Sylvia Thiele

ISSN 1862-2909

1 *Michael Frings und Andre Klump (edd.)*
Romanische Sprachen in Europa. Eine Tradition mit Zukunft?
ISBN 978-3-89821-618-0

2 *Michael Frings*
Mehrsprachigkeit und Romanische Sprachwissenschaft an Gymnasien?
Eine Studie zum modernen Französisch-, Italienisch- und Spanischunterricht
ISBN 978-3-89821-652-4

3 *Jochen Willwer*
Die europäische Charta der Regional- und Minderheitensprachen in der Sprachpolitik Frankreichs und der Schweiz
ISBN 978-3-89821-667-8

4 *Michael Frings (ed.)*
Sprachwissenschaftliche Projekte für den Französisch- und Spanischunterricht
ISBN 978-3-89821-651-7

5 *Johannes Kramer*
Lateinisch-romanische Wortgeschichten
Herausgegeben von Michael Frings als Festgabe für Johannes Kramer zum 60. Geburtstag
ISBN 978-3-89821-660-9

6 *Judith Dauster*
Früher Fremdsprachenunterricht Französisch
Möglichkeiten und Grenzen der Analyse von Lerneräußerungen und Lehr-Lern-Interaktion
ISBN 978-3-89821-744-6

7 *Heide Schrader*
Medien im Französisch- und Spanischunterricht
ISBN 978-3-89821-772-9

8 *Andre Klump*
„Trajectoires du changement linguistique“
Zum Phänomen der Grammatikalisierung im Französischen
ISBN 978-3-89821-771-2

9 *Alfred Toth*
Historische Lautlehre der Mundarten von La Plié da Fodom (Pieve di Livinallongo, Buchenstein) und Col (Colle Santa Lucia), Provincia di Belluno unter Berücksichtigung der Mundarten von Laste, Rocca Piétore, Selva di Cadore und Alleghe
ISBN 978-3-89821-767-5

10 *Bettina Bosold-DasGupta und Andre Klump (edd.)*
Romanistik in Schule und Universität
Akten des Diskussionsforums „Romanistik und Lehrerausbildung: Zur Ausrichtung und Gewichtung von Didaktik und Fachwissenschaften in den Lehramtsstudiengängen Französisch, Italienisch und Spanisch“ an der Johannes Gutenberg-Universität Mainz (28. Oktober 2006)
ISBN 978-3-89821-802-3

11 *Dante Alighieri*
De vulgari eloquentia
mit der italienischen Übersetzung von Gian Giorgio Trissino (1529)
Deutsche Übersetzung von Michael Frings und Johannes Kramer
ISBN 978-3-89821-710-1

12 *Stefanie Goldschmitt*
Französische Modalverben in deontischem und epistemischem Gebrauch
ISBN 978-3-89821-826-9

13 *Maria Iliescu*
Pan- und Raetoromanica
Von Lissabon bis Bukarest, von Disentis bis Udine
ISBN 978-3-89821-765-1

14 *Christiane Fäcke, Walburga Hülk und Franz-Josef Klein (edd.)*
Multiethnizität, Migration und Mehrsprachigkeit
Festschrift zum 65. Geburtstag von Adelheid Schumann
ISBN 978-3-89821-848-1

15 *Dan Munteanu Colán*
La posición del catalán en la Romania según su léxico latino patrimonial
ISBN 978-3-89821-854-2

16 *Johannes Kramer*
Italienische Ortsnamen in Südtirol. La toponomastica italiana dell’Alto Adige
Geschichte – Sprache – Namenpolitik. Storia – lingua – onomastica politica
ISBN 978-3-89821-858-0

17 *Michael Frings und Eva Vetter (edd.)*
Mehrsprachigkeit als Schlüsselkompetenz: Theorie und Praxis in Lehr- und Lernkontexten
Akten zur gleichnamigen Sektion des XXX. Deutschen Romanistentages an der Universität Wien (23.-27. September 2007)
ISBN 978-3-89821-856-6

18 *Dieter Gerstmann*
Bibliographie Französisch
Autoren
ISBN 978-3-89821-872-6

19 *Serge Vanvolsem e Laura Lepschy*
Nell'Officina del Dizionario
Atti del Convegno Internazionale organizzato dall'Istituto Italiano di Cultura
Lussemburgo, 10 giugno 2006
ISBN 978-3-89821-921-1

20 *Sandra Maria Meier*
„È bella, la vita!"
Pragmatische Funktionen segmentierter Sätze im *italiano parlato*
ISBN 978-3-89821-935-8

21 *Daniel Reimann*
Italienischunterricht im 21. Jahrhundert
Aspekte der Fachdidaktik Italienisch
ISBN 978-3-89821-942-6

22 *Manfred Overmann*
Histoire et abécédaire pédagogique du Québec avec des modules multimédia prêts à l'emploi
Préface de Ingo Kolboom
ISBN 978-3-89821-966-2 (Paperback)
ISBN 978-3-89821-968-6 (Hardcover)

23 *Constanze Weth*
Mehrsprachige Schriftpraktiken in Frankreich
Eine ethnographische und linguistische Untersuchung zum Umgang mehrsprachiger Grundschüler mit Schrift
ISBN 978-3-89821-969-3

24 *Sabine Klaeger und Britta Thörle (edd.)*
Sprache(n), Identität, Gesellschaft
Eine Festschrift für Christine Bierbach
ISBN 978-3-89821-904-4

25 *Eva Leitzke-Ungerer (ed.)*
Film im Fremdsprachenunterricht
Literarische Stoffe, interkulturelle Ziele, mediale Wirkung
ISBN 978-3-89821-925-9

26 *Raúl Sánchez Prieto*
El presente y futuro en español y alemán
ISBN 978-3-8382-0068-2

27 *Dagmar Abendroth-Timmer, Christiane Fäcke, Lutz Küster und Christian Minuth (edd.)*
Normen und Normverletzungen
Aktuelle Diskurse der Fachdidaktik Französisch
ISBN 978-3-8382-0084-2

28 *Georgia Veldre-Gerner und Sylvia Thiele (edd.)*
Sprachvergleich und Sprachdidaktik
ISBN 978-3-8382-0031-6

29 *Michael Frings und Eva Leitzke-Ungerer (edd.)*
Authentizität im Unterricht romanischer Sprachen
ISBN 978-3-8382-0095-8

30 *Gerda Videsott*
Mehrsprachigkeit aus neurolinguistischer Sicht
Eine empirische Untersuchung zur Sprachverarbeitung viersprachiger Probanden
ISBN 978-3-8382-0165-8 (Paperback)
ISBN 978-3-8382-0166-5 (Hardcover)

31 *Jürgen Storost*
Nicolas Hyacinthe Paradis (de Tavannes)
(1733 - 1785)
Professeur en Langue et Belles-Lettres Françoises, Journalist und Aufklärer
Ein französisch-deutsches Lebensbild im 18. Jahrhundert
ISBN 978-3-8382-0249-5

32 *Christina Reissner (ed.)*
Romanische Mehrsprachigkeit und Interkomprehension in Europa
ISBN 978-3-8382-0072-9

33 *Johannes Klare*
Französische Sprachgeschichte
ISBN 978-3-8382-0272-3

34 *Daniel Reimann (ed.)*
Kulturwissenschaften und Fachdidaktik Französisch
ISBN 978-3-8382-0282-2

35 *Claudia Frevel, Franz-Josef Klein & Carolin Patzelt (edd.)*
Gli uomini si legano per la lingua
Festschrift für Werner Forner zum 65. Geburtstag
ISBN 978-3-8382-0097-2

36 *Andrea Seilheimer*
Das grammatikographische Werk Jean Saulniers
Französischsprachige Terminologie und Sprachbetrachtung in der *Introduction en la langue espagnolle* (1608) und der *Nouvelle Grammaire italienne et espagnole* (1624)
ISBN 978-3-8382-0364-5

37 *Angela Wipperfürth*
Modeterminologie des 19. Jahrhunderts in den romanischen Sprachen
Eine Auswertung französischer, italienischer, spanischer und portugiesischer Zeitschriften
ISBN 978-3-8382-0371-3

38 *Raúl Sánchez Prieto, M.ª Mar Soliño Pazó (edd.)*
Contrastivica I
Aktuelle Studien zur Kontrastiven Linguistik Deutsch-Spanisch-Portugiesisch I
ISBN 978-3-8382-0328-7

39 *Nely Iglesias Iglesias (ed.)*
Contrastivica II
Aktuelle Studien zur Kontrastiven Linguistik Deutsch-Spanisch-Portugiesisch II
ISBN 978-3-8382-0398-0

40 *Eva Leitzke-Ungerer, Gabriele Blell, Ursula Vences (edd.)*
English-Español: Vernetzung im kompetenzorientierten Spanischunterricht
ISBN 978-3-8382-0305-8

41 *Marie-Luise Volgger*
Das multilinguale Selbst im Fremdsprachenunterricht
Zur Mehrsprachigkeitsbewusstheit lebensweltlich mehrsprachiger Französischlerner(innen)
ISBN 978-3-8382-0449-9

42 *Jens Metz*
Morphologie und Semantik des Konjunktivs im Lateinischen und Spanischen
Eine vergleichende Analyse auf der Grundlage eines Literaturberichts
ISBN 978-3-8382-0484-0

43 *Manuela Franke und Frank Schöpp (edd.)*
Auf dem Weg zu kompetenten Schülerinnen und Schülern
Theorie und Praxis eines kompetenzorientierten Fremdsprachenunterrichts im Dialog
ISBN 978-3-8382-0487-1

44 *Bianca Hillen, Silke Jansen & Andre Klump (edd.)*
Variatio verborum: Strukturen, Innovationen und Entwicklungen
im Wortschatz romanischer Sprachen
Festschrift für Bruno Staib zum 65. Geburtstag
ISBN 978-3-8382-0509-0

45 *Sandra Herling und Carolin Patzelt (edd.)*
Weltsprache Spanisch
Variation, Soziolinguistik und geographische Verbreitung des Spanischen
Handbuch für das Studium der Hispanistik
ISBN 978-3-89821-972-3

46 *Aline Willems*
Französischlehrwerke im Deutschland des 19. Jahrhunderts
Eine Analyse aus sprachwissenschaftlicher, fachdidaktischer
und kulturhistorischer Perspektive
ISBN 978-3-8382-0501-4 (Paperback)
ISBN 978-3-8382-0561-8 (Hardcover)

47 *Eva Leitzke-Ungerer und Christiane Neveling (edd.)*
Intermedialität im Französischunterricht
Grundlagen und Anwendungsvielfalt
ISBN 978-3-8382-0781-0

48 *Manfred Prinz,*
Rap RoMania: Jugendkulturen und Fremdsprachenunterricht
Band 1: Spanisch/Französisch
ISBN 978-3-8382-0781-0

49 *Karoline Henriette Heyder*
Varietale Mehrsprachigkeit
Konzeptionelle Grundlagen, empirische Ergebnisse aus der Suisse romande und didaktische Implikationen
ISBN 978-3-8382-0618-9

50 *Daniel Reimann*
Transkulturelle kommunikative Kompetenz in den romanischen Sprachen
Theorie und Praxis eines neokommunikativen und kulturell bildenden Französisch-, Spanisch-, Italienisch- und Portugiesischunterrichts
ISBN 978-3-8382-0362-1 (Paperback)
ISBN 978-3-8382-0363-8 (Hardcover)

51 *Beate Valadez Vazquez*
Ausprägung beruflicher Identitätsprozesse von Fremdsprachenlehrenden am Beispiel der beruflichen Entwicklung von (angehenden) Spanischlehrerinnen und Spanischlehrern
Eine qualitative Untersuchung
ISBN 978-3-8382-0635-6

52 *Georgia Veldre-Gerner und Sylvia Thiele (edd.)*
Sprachen und Normen im Wandel
ISBN 978-3-8382-0461-1

53 *Stefan Barme*
Einführung in das Altspanische
ISBN 978-3-8382-0803-9

ibidem-Verlag / *ibidem* Press
Melchiorstr. 15
70439 Stuttgart
Germany

ibidem@ibidem.eu
ibidem.eu